JN105908

高大接続と
文章教育

中井 仁

大学教育出版

は じ め に

　本書は、高校と大学の接続、すなわち大学入試制度についての筆者の考察をまとめたものです。筆者が大阪府立高校の教員として初めて赴任したのは 1978 年です。その翌年の 1979 年度から共通一次試験が始まりました。したがって、教職歴のほとんどをマークシート式試験による入試制度と共に歩んだことになります。

　筆者は、日本地球惑星科学連合に所属して同連合の教育検討委員会の立ち上げに関与した縁で、日本学術会議の理学振興研究連絡委員会（2003 年 12 月〜 2005 年 10 月、委員長：江澤洋氏）の一員として、当時マスコミ等で喧伝された「理科離れ」をどう防ぐかについての議論に加わりました。さまざまな対策が検討される中で、筆者自身は、マークシート式試験による入試制度（当時はセンター試験と呼ばれた）がある以上、理科離れ問題の解決は難しいだろうと思い至りました。そこで、委員会の中で意見を一にする人たちを募って、2008 年に、センター試験が教育に及ぼしている影響を論じた『検証　共通 1 次・センター試験』を監修し、出版しました。

　その後、制度の見直しが検討されているのをニュースで見聞きして期待していましたが、初等・中等教育の改善に資

すると期待されていた項目がすべて破棄され、2021 年度から「大学共通入学テスト」と名前を変えただけで、相変わらずのマークシートを用いた試験が実施されることになりました。何故、マークシート形式の入試から脱却できないのか。この問題を 2020 年 10 月ごろから 2022 年 9 月にかけて、いろいろな面から考えました。本書は、その考察の足跡を記録したものです。読者諸氏のご批判と、さらなるご考察を期待するものです。

高大接続と文章教育

目　次

第Ⅰ部 「高大接続」について

第Ⅱ部　イギリスの「ナショナルカリキュラム」と日本の「学習指導要領」
― 文章教育を主観点とする比較 ―

第 I 部

「高大接続」について

1 「高大接続」をめぐる議論の経緯

　2019年夏から2020年春にかけて、新聞や週刊誌等では大学入試改革についての議論が盛んだった。結果的には、当初予定されていた改革の三本柱である、国語・数学の記述式試験の導入と英語4技能試験の民間委託、ポートフォリオの導入が見送られることになった。

　筆者は2008年に『検証　共通1次・センター試験』という本を監修して出版した。その時点で共通1次試験が始まってから29年が経っていた。30年近く続いたマークシートを用いた入試が、どのような影響を教育にもたらしたかを検証しようとしたのである。13人の教育関係者の原稿を監修して掲載したが、筆者も拙文を寄稿した。その中で、検定は論述式試験、ならびに高校が提出する資料によって行うべし等の主張を披露した。

　要するにマークシート試験ではなく、論述式試験、および調査書（あるいはその発展形としてのポートフォリオ）の活用を訴えたのである。したがって、今回の改訂の動き、特に記述式試験とポートフォリオの導入に関しては、十分ではないものの方向として肯定できると考え、期待もしていた。ところが、改革の三本柱が2019年秋から翌年春までの間に、

事実上消滅してしまった。何が悪かったのだろう。

　何が悪かったのかを考えるために、この間に発行された新聞や雑誌に掲載された大学入試改革に関する記事に目を通した。新聞は日経（3）、読売（2）、雑誌はサンデー毎日（4）、文芸春秋（1）、AERA（2）（数字は記事の数）である。その結果、この問題に対する大方の見方、雰囲気は掴めた。今回の改革で「文科省は共通テストを変えることによって、高校教育を変えていこうとしている（2020年3月22日　サンデー毎日）」点は、上にも書いたように筆者も方向性としては間違ってないと思っていた。

　ところが、「50万人規模の記述式問題の実施が不可能なことは議論するまでもない（2020年2月3日　AERA)」という意見に、文科省の意気込みは消沈する。アンケート調査の結果、大学関係者は「記述式問題が『思考力・判断力・表現力を測れる』と考える傾向が強い（2019年12月29日　サンデー毎日）」と指摘され、上西充子氏（法政大学キャリアデザイン学部）は、「教員がそれら（学生自らの意見）を一つ一つ読み、添削し、フィードバックし、学生が書き直す。思考力や表現力とは、こうしたプロセスを経て養われるものです(2020年3月22日　サンデー毎日）」と言うが、ならば「こうしたプロセス」を初等・中等教育でも実現しようという方向には議論は向かわない。それは大学でこそ可能であって、初・中等教育では不可能と暗黙裡に見なされているようであ

る。

　一方、文科省は、記述式テストをすれば思考力・表現力を高めることができると思い込んでいるようだが、はたしてそうだろうかという問題もある。筆者は、記述式テストの導入は最初の第一歩だと思っているのだが、文科省にとってはゴールなので、それを否定されると、次の一歩がなくて手詰まり状態というところか。つまりは、このように矛盾、すれ違い、思い込みを抱えたまま、改革は形骸化した。

2 公正とは何か

　前節に取り上げた、大学入試改革に関する新聞や雑誌の記事では、寄稿した、あるいは取材を受けた人はだれしも、大学入試は公平・公正でなければならないと主張している。入試における公平・公正とは何かを考えたい。

　その前に、これらの語彙の意味をはっきりさせておこう。辞書によって微妙な違いがあるのだが、最大公約数的な定義を試みることにする。

　公平・公正と関係の深い語彙として「平等」がある。平等とは「かたよりや差別がなく、すべての人、あるいは集団が一様で等しく扱われること」である。一方、公平とは「かたよりや差別がなく、すべての人、あるいは集団が一様で等しい機会が得られるよう扱われること」である。

　言葉にすると微妙な違いだけれど、たとえば子どもにパンをあげるとき、3歳児にも6歳児にも同じだけあげるのが平等、6歳児には3歳児の子より多くあげるのが公平な与え方と言える。ただし、そのときどれくらい多くあげるかについてのスケールが必要になってくる。多い少ないが極端なものであれば妥当性を欠くとみなされる。そのスケールが妥当なものと判断され、かつそれが正しく用いられた場合に公正が

担保されたという。

　つまり、同じように分配される状態を平等、状況に応じて分配される状態を公平、その中でもこれが正しいと考えられる分配がされる状態を公正という。こんなところだろうか。これが正しい解釈だとすると、公正であるためには公平でなければならない。事実、「公正」の意味として辞書には「公平でただしいこと（大辞林）」などと書かれている。したがって、公平・公正な入試制度という語句は、「馬に乗馬する」式の語句である（重言というらしい）。今後は、公正な入試制度と書くことにする。

　前述したように、公正さはどのようなスケールを用いるかによって結果は違ってくる。試験制度においても公正の考え方には、国によって異同がある。フランスでは、伝統的に論述試験中心の評価制度が採用されてきた。しかし、1960～1970年代に、採点者の主観的な要素が入る評価制度への批判が高まり、「選抜の公正性を担保するために」客観的な標準テストが提案されたりした（細尾萌子著『フランスでは学力をどう評価してきたか ― 教養とコンピテンシーのあいだ ―』p.60）。

　しかし、結局は論述試験中心の評価制度を揺るがすには至らなかった。その理由は、「客観テストは個別的な知識や反応の速さを測定するだけで、教育目標として重視されている思考力や論証力などの複雑な能力は捉えられないと一般に理解

されているからである」(出典は同上)。

　つまり客観テストは教育目標から乖離しており、公正ではないと判断されたのである。ここでは、教育目標に沿っているかどうかが、公正さを判断するときのスケールとして用いられた。一方、日本の試験制度では評価の客観性が重視されている。どちらの国でも試験の公正さが追及されているが、結果的に真反対の選択をしているのが興味深い。これは何によってもたらされるのか。

3　論述問題とは何か

　試験問題の形式には論述問題、記述問題、選択問題などがある（正確には論述解答式問題などと書くべきかもしれないが、省略してこのように書くことにする）。きちんとした定義は読んだことがない。中でも論述問題と記述問題の違いはあいまいだ。文科省は全国学力・学習状況調査で問題の形式を、記述式、短答式、選択式の３種に分類している。短答式は単語一つを答えるもの、記述式は文あるいは文章で答える問題を指す^(注3の1)。

　入試の過去問を集めているウェブサイトなどでは、短答式の問題も記述問題に入れることがあるが、本書では記述と短答を区別して、試験問題には論述問題、記述問題、短答問題、選択問題の４種類があると考えておこう。課題文の一部を括弧や四角で空白にして、適語を入れさせる穴埋め問題というのもあるが、これは語句を受験者が自分で書く場合は短答問題、提示された候補から選ぶ場合は選択問題になる。

　前段でもちょっと触れたが、大学入試の過去問を調べたいときに重宝しているウェブサイトがある。その一つは東進の「大学入試問題　過去問データベース」である（web資料3-1）。問題と解答、講評のページがそれぞれあり、講評に

は、解答形式が書かれている。たとえば、2010年の北海道大学文学部の日本史の試験に、次の問題が出題された。

---

① 次のA～Cの文章を読んで、問1～10の設問に答えなさい。
A 　古代の日本国家は、中国大陸や朝鮮半島の諸国家と交流して、(a) 仏教や儒教、律令など、先進的な文化・文物を積極的に摂取していった。8世紀に入ると、ほぼ20年に一度の割合で…（以下略）
問1 　下線部（a）につき、古代日本社会が東アジアの先進的な文化を取り入れることができたのは、漢字という伝達媒体があったからである。5世紀後半頃の日本において、漢字がどのように導入され、また使用されていたのかについて、60字以内で説明しなさい。
（以下略）

　この問1に対する解答例として、「漢字の音を借りて地名や人名が鉄刀の銘文などに記されるようになり、渡来人の一部が史部として文書や記録作成にあたった」という文が示されている。歴史に詳しい人にはこれで十分なのだろうが、門外漢の筆者には解答文の前半と後半のつながり具合がわからず、意の尽くされた解答とは思えない。たとえば、「渡来人によって漢字の音を用いて地名や人名が鉄刀の銘文などに記されるようになり、彼らの一部が史部として文書や記録作成にあたるようになった」だったら理解できる（字数制限を少し超えているので、試験ではアウトか）。それはともかく、

典拠として示したデータベースには、この問題の解答方式は
「論述」と分類されている。だが、これを論述問題というと
すると、短答問題と論述問題との間に記述問題が入る余地が
なくなる。

　論述と記述について、広辞苑には以下のようにある。

　論述：論じ述べること。順序だてて考えを表現すること。
　記述：文章に書き記すこと。対象や過程の特質を理論的先
　　　　入見なしにありのままに秩序正しく記載すること。
　　　　説明や論証の前段階として必要な手続き。

　「論じ述べること」は論述という熟語を分解しただけだか
ら無視しよう。記述の説明に「理論的先入見なしにありのま
まに」とあるが、はたしてそんなことが可能か疑問である。
これはこれで熟考を要することのようだから、ここでは無視
する。もう一つ「説明や論証の前段階」とは何か、わからな
いのでこれも無視。結局、残るのは
　論述：順序だてて考えを表現すること。
　記述：文章に書き記すこと。
である。
　ここでさらに、「順序だてて考えを表現する」とは具体的
にどうすることなのだろうか、という疑問がわく。

　フランスのバカロレア（中等教育の修了資格証明および大学入学資格証明のための国家試験）は、論述問題が中心だと言われる。『バカロレア幸福論（坂本尚志　著）』は、哲学の試験問題の例題をあげて、具体的に答案を作成する手順を解説している。たとえば、「孤独の中で幸福でいられるのだろうか？」といった問題がある。

　これに対して受験生は、過去に哲学者が論じた幸福論を引用しつつ、自説を主張しなければならない。正しく引用することが評価に関わるので、フランスではバカロレア試験対策として重要な引用文をテーマごとに編集・解説した本が売られているそうだ。バカロレア哲学版「傾向と対策」といったところか。

　リセ（フランスの高等学校）の生徒は最終学年で、文科系で週8時間、経済社会系で週4時間、理科系では週3時間の哲学の授業を受けて、ディセルタシオン（哲学小論文）対策に勤しむ。本番の哲学の試験には3問だされるが、そのうちの1問に答えればよい。試験時間は4時間である。バカロレアに関して筆者が読んだいくつかの資料には、哲学小論文の文字数制限については書かれていなかったが、この試験時間の長さからいって、100字程度の答案を期待されているとはとても思えない。

　上掲の『バカロレア幸福論』には、哲学小論文の書き方が詳細に解説されている。要点を挙げると以下のようなことが

書かれている。まず、全体を導入、展開、結論で構成する。導入では上の例のように疑問形で提示される問題に対して「yes」および「no」の２つ、あるいは場合によっては第三の立場をも加えて、結論の可能な選択肢を示す。展開部では、それぞれの選択肢について、適切に先人の説を引きながら自分がその説に同意する理由、あるいは同意しない理由を述べる、等々である。見方を変えると、これらは、論述とは何かを記している。

　すなわち、筆者なりにまとめると、論述は少なくとも次の３つの条件を備えていなければならない。①文章に一定の構成がある、②先人の主張についての評価が論じられている、③結論に至る説得力のある筋道（論理）を備えている。上に書いた、広辞苑の論述の字義にある「順序立てて」の中身はこういうことだろう。記述と論述の違いは、決して文字数の違いだけではないのである。

　このような考えに立つと、上記の北海道大学の問題の解答は、論述の条件を満たしていない。したがって、この問題は記述問題と分類するのが適切だと思う。

　もう一つ、2017年（平成29年）５月に公開された「大学入学共通テスト（仮称）」記述式問題のモデル問題例も見ておこう（〈https://www.dnc.ac.jp/albums/abm00009385.pdf〉より）。国語の問題例1は、架空の行政機関の広報を読んで、設問に答える問題である。設問は４問あって、それぞれ40

字以内、35字以内、20字以内、80字以上120字以内、で答えることを要求している。これなども、上の「論述」の条件には当てはまらない。大学入試センターが分類しているように、記述問題である。

　ところが、この項を書くにあたって、参考文献として読んでいた『大学入試がわかる本　改革を議論するための基礎知識（中村高康　編）』の中に、この問題を取り上げて「会話の内容などから読み取れる情報を考え、それに基づいた論述が求められるなど」と書かれている箇所がある（P.179）。単なる揚げ足取りかもしれないが、議論しているテーマの中心的な語句であるだけに、記述と論述をはっきり区別して論じる必要を改めて感じさせられる。

　では、上の意味での論述問題を課している大学入試があるかと探してみると、近いものがあった。2010年度東京大学（一般入試、後期試験）の小論文の問題Ⅱは、平和についての約4000字の論考を読んで、次の問1と問2に答えるものである。（web資料3-1）より）、

　　問1　本文で呈示されている福田恆存の立場、「平和学」の
　　　　　立場、著者自身の立場の異同を500字以内で説明しな
　　　　　さい。
　　問2　右の三つの立場の是非を比較検討した上で、平和につ
　　　　　いての見解を述べなさい。（1000字以内）。
　バカロレアの哲学小論文の形式に当てはめると「三者の立

場を説明」は導入、「三つの立場の是非を比較検討」は展開、「平和について見解」は結論に、それぞれ該当するだろう。

　上のウェブサイトは、この問題の出題形式を課題文型としている。課題文が与えられて、それを読んで答える形式である。バカロレアの試験のように問題だけが単独で提示されるのとは違って、課題文が提示されることによって、論述の道筋はある程度絞り込まれるだろう。その分、解答時間は、上の問題Ⅱと問題Ⅰとを合わせて 120 分と短い。均等に時間配分するとしたら、一問につき 60 分で答えなければならない。

　高大接続の観点からこの問題を評価してみよう。バカロレアの哲学小論文の場合は、解答にあたって受験生はリセの最終学年に正規の授業で仕入れた知識を総動員して臨まなければならない。逆に言うと、最終学年で習得した知識を活用することができる。一方、上の東大の問題は、テーマについての知識が事前になくても対処できる。逆に言うと、日本の高等学校では平和についての複数の考え方が教えられる機会はごく稀であろうから、この問題は、高等学校の教育目標、つまりはカリキュラムからは外れた課題が問題として出されたと言える。

　前節で、フランスでは教育目標に沿っているか否かが、試験の公正さの尺度と考えられていると書いた。それは、受験生がおかれた社会環境によって、有利不利が生じてはいけないからである。上で参照した「Web 資料」などには豊富な小

論文添削教材が揃えられており、それらを利用できる受験生とできない受験生の間に格差が生じる恐れがある。上の東大の問題では、受験生は一様に平和についての深い知識をもっていないと考えられるが、そもそも論述の手ほどきを高等学校の正規の授業で受けていないのだから、この格差は埋めようがない。管見の範囲でだが、論述問題に関して、このことが社会問題になったことはない。

　誤解がないように書き添えておくと、学習指導要領に沿っているか否か云々は、論述問題に関して言ったわけであり、日本の大学入試問題が一般に学習指導要領から逸脱していると言っているのではない。むしろ、センター試験などは、学習指導要領準拠を神経質なくらい守っている。上掲の資料「大学入学共通テスト（仮称）記述式問題のモデル問題例」では、初めに高等学校学習指導要領「国語総合」の「内容」のポイントを挙げて、問題例がその範疇にあることをアピールしている。そういう意味で、上記のモデル問題例のような問題であれば、フランス流に言っても公正な問題と言える。言い換えると、モデル問題例は、学習指導要領に記載された、科目「国語総合」の指導事項、特に「書くこと」に関する指導事項に準拠して作問されたのだろう。

　本節では、試験問題の形式は、論述問題、記述問題、短答問題、選択問題に分類できると書いた。その上で、論述問題とは何かについて考察した。その結論を採用する限り、日本

の高等学校教育の現状を考慮すると、大学入試の論述問題は受験生にとって公正な問題形式とは言えないことがわかった。

　余談めくが、筆者の連れ合いの友人に、フランスからやってきた女性がいた。もう 10 数年も前のことだが、連れ合いを通じてバカロレア試験の感想を聞いてもらった。「準備は大変だったけど楽しかった」と言っていたそうだ。受験勉強が楽しいというのは、いいなぁと思ったものだ。受験勉強を楽しくするにはどうしたらよいか。この「高大接続について」の最後に、この命題についての答えが得られたらよいのだが。

4　高大接続改革は何故頓挫したか

　いまさらの感はあるが、高大接続問題とは、高校教育と大学教育を滑らかに接続するにはどうすればよいかという問題である。「滑らかに」とは、高校生が大学生になったとき、大学という新しい環境に抵抗なく入っていけるということだろう。環境の要因にはさまざまあるが、主に学業が問題になる。大学サイドから見ると、高大接続問題とは、入学してきた学生が大学での授業に適応できるかどうかの問題である。当然、高校サイドからの見方もあるはずである。しかし、どういう訳か、高校はこの問題に関して常に受け身だったように思える。筆者を含めて、高校の教員には、大学入試制度は、国あるいは大学が決めるものだから、我々はそれにいかに適応するかだけを考えればよい、という気分があったに違いない。

　1980年代に「ゆとり教育」が実施されたことと、1995年から学校週5日制が実施されたことに伴って、小中高校の年間の授業時間数が減少した（筆者が教師になって数年経ったころのことである。1979年の共通1次試験の開始も含めて、今から思えばなかなか変化の激しい時期だった）。ところが、1999年に『分数ができない大学生』（岡部　他、1999）が出版されるや、大学生の学力不足が、ゆとり教育に絡めて取り

ざたされるようになった。「理科離れ」が盛んに言われたのもこの頃である。

　さらにこのタイミングで 2003 年の国際学習到達度調査（PISA）の成績、特に読解力の国際順位が急落したと報じられ、脱ゆとりが諸所で叫ばれるようになった。この時点での喫緊の課題は、大学生の学力低下であり、その原因として「ゆとり教育」がやり玉に挙がったのである。この頃、大学ではリメディアル教育が取りざたされた（外来語なので、初めて聞いたときは何か新しいことかと思ったが、何のことはない学力不振の学生を対象とした補習授業のことである。高校では普通に行っている）。

　「大学生の学力低下」には 2 つの側面がある。1 つは、東大や京大といった受験エリートがいく大学での学力低下、もう一つは大学の増設と少子化に伴って大学にも底辺校が生まれたことによる学力低下である。いずれの場合も、統計に基づく「学力低下」の証拠は見聞したことはない。おそらく、大学の先生たちが日頃接している学生から受ける印象による述懐だろう。

　とは言え、後者については、筆者自身も一つの実例に関与して、さもありなんという印象をもった。高校 3 年生を相手に授業をしていたとき、ある生徒に黒板の前でほとんど誘導するようにして問題を解かせて、最後に答えが $\frac{13}{10}$ と出たの

で、これを少数にして答えを書こうと言うと、その君はポケットから携帯電話を取り出した。「おいおい、教師の目の前で携帯か」と思ったけれど、電話をしようとしたのではなく、携帯電話の計算器機能を使って答えを出そうとしたのだった。この生徒は位取りのルールを理解しないまま高3になってしまったのかと愕然とした。

　そんなことがあった後、ある大学の先生が受験生の勧誘に高校に来られた。筆者は担任として、件の生徒の名を挙げて、彼は受験を希望しているけれど、大学での勉強にはおそらくついていけないですよと言った。しかし、それでもいいから受験させてくれと懇請された。保護者の希望もあったので、書類をそろえて大学に提出したところ、驚いたことに推薦入試にすんなり通った。

　その後、彼は、高額の入学金と授業料を大学に収めて、半年経つか経たないかに退学した。ほとんど詐欺じゃないかと思った。こんな経験をしているので、授業についてこられない学生に困り果てている大学があるのは当然だと思う。念のために書いておくと、件の彼は学校行事などでは生き生きと主体的に動いていた。勉強はできないけれど生活力はありそうだった。

　上記は2000年前後における高大接続問題に関する、個人的経験を交えた状況である。その後は徐々に様相が変わった。経緯は荒井（2020）に詳しく書かれている。図1は、共

通1次試験から2021年に実施された共通テストまでの変遷を示している。共通1次試験からセンター試験に代わったときは、前者が国公立大学でのみ使用されたのに対し、後者は私立大学も利用できるという大きな変化があった。

　しかし、センター試験と今回新たに導入される共通テストの違いは、後者の目玉だった記述式テストが見送られた結果、英語の出題形式が変わったぐらいで大きな変化はない。結果としてはそうなのだが、センター試験から共通テストに至る途中経過では、いくつかの従来とは違う方式が提案された。図2に、その代表的なものを図示した（荒井（2020）の図2を基に改作）。

　2013年の教育再生会議の答申では、高校の学習指導要領に準拠した基礎的な共通試験と、大学が主導して行う発展レベルの共通試験が提案された。2014年の中教審答申では、高校生が高校在籍中に受ける「高等学校基礎学力テスト（仮称）」と「大学入学希望者学力評価テスト（仮称）」の2種類の学力評価テストを導入すべきと提案された。これらの2013年と14年に相次いで提案された基礎の方の試験は、高校2年もしくは3年時における学力到達度を評価するための試験と見られる。

　上に書いた2000年前後における高大接続の課題が大学生の学力低下だったのに対し、その後は改革の焦点が高等学校教育の改革に絞られてきた感がある。しかし、2021年の新テ

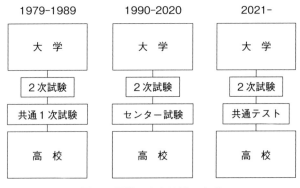

図1 歴代の高大接続の方式

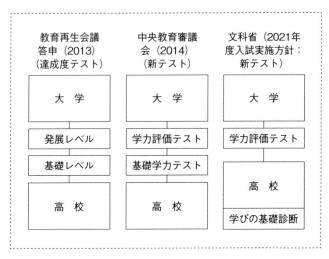

図2 センター試験から共通テストに移行する間に提案された方式

スト実施方針では、基礎学力テストは消えて、「学力評価テスト」に代わる「大学入学共通テスト」と高校入学時に受験する「学びの基礎診断」に変わった。

荒井（2020）は「基礎学力テスト」が消えたことを「高校教育改革に対する行政の責任放棄に近い。重大な失策であろう」と激しく非難している。同感である。因みに、「学びの基礎診断」は 2019 年から実施されていることになっているが、全国の高校でどの程度実施されているのか、文科省に問い合わせたところ、同省はツール（テスト問題と結果の処理）は用意、あるいは私企業が作ったプログラムを認定するが、実施は各自治体、または学校に任せているので、実施状況は把握していないとの回答だった。

荒井（2020）によると、2014 年の中教審答申の種は、2007年に施行された改正学校教育法にあるらしい。同法は小中高等学校で養成すべき学力として、①基礎的な知識及び技能、②思考力・判断力・表現力等の能力、③主体的に学習に取り組む態度、を挙げ、これらを「学力の三要素」と称した。新テストの構想では、この学力の三要素を高大接続の段階で評価しようとした。その結果として、②のために記述式問題の導入があり、③のためにポートフォリオの導入があった。だいだい、そんなところらしい。筆者は、中井（2008）で、高校卒業時点での記述式の単位認定試験とポートフォリオの導入を主張[注4の1]していたので、高校教育改革の方向として、

文科省の方針を是としていたが、すべてが取り下げられてしまった。

　なぜ、文科省の構想が頓挫したのか。理由の一つ（たぶん、主たる理由）は、改革の方向が間違っていたからだろう。筆者自身も、『検証　共通1次・センター試験』を編集した時点では、大学入試を変えることによって、高校教育を改革しようという意見だった。それぐらいに、当時はセンター試験の影響が大きく感じられたからである。しかし、どうやらそれは間違いだった。第3節に書いたように、日本で論述問題を、入試の問題として出すことはとても公正な出題とは言えない。記述式問題にしても、昨年のマスコミ上での論調は、否定的だった。理由は、「採点の公平さが保てない」である。

　論述式試験が伝統となっているフランスでも、採点についての事情は変わらない。「1990年代に、同年齢層のバカロレア取得率が50%を超えて大衆化し、採点のばらつきに対する受験者や保護者らの抗議が社会問題化した（細尾、2017）」が、その後は、採点基準を担保するためのさまざまな工夫がされて、論述主体の試験制度が維持されている。

　もちろん、いかに工夫を重ねようと、論述や記述の内容を人間が評価する以上、採点者間の揺らぎは避け得ない。それでも一定手順を踏めば、社会的にそれが受け入れられるのは、「客観テストは個別的な知識や反応の速さを測定するだ

けで、教育目標とされている思考力や論証力などの複雑な能力は捉えられないと一般に理解されているからである（細尾、2017）」。論述・記述についての国民の理解と、採点者の能力への信頼が、採点の揺らぎの問題は二義的な問題と国民に判断させたと言える。日本ではそれがないために、採点についての障害を乗り越えることができなかった。

　つまりは、論述・記述能力の重要性を国民が理解しない限り、今回文科省が試みたような「改革」は実現不可能と見なされるだろう。

　では、どうすれば論述・記述に対する国民の意識を変えることができるだろうか。それはもう、大多数の国民がその能力を身に付ける以外にはない。改革の方向が間違っていた、と上に書いたが、入試制度を変える前に、初等・中等教育自体を変えて、論述・記述の重要性を多くの人に理解してもらわない限り、改革は不可能ということである。入試改革が先か、初等・中等教育の改革が先か。鶏と卵のような関係だが、どこからか可能なところから始めて、徐々に広げていくしかないだろう。したがって、問題はどこから始めるかである。本書はその判断を求めて、さらに暗中模索を続けることになる。

5 高校の定期考査の問題形式

　本書第3節で、試験問題の形式を、論述式、記述式、短答式、選択式の4種類に分類した。それらが高校教育の中でどれほどの重みをもつかを知るために、定期考査の問題形式の割合を2つの学校について調べた。ことさら調べなくても、筆者自身の高校教員としての経験からいって、短答式と選択式が多く、記述式は少しだろうと予想されるし、特に高校教員の経験がなくても、読者は自分の高校時代の試験問題を思い出せば、同様の印象を即座に思い浮かべることだろう。しかし、それらはあくまで印象にすぎないため、念のため知人の伝手をたどって、N高校とO高校に在籍している二人の現役高校生に試験問題を見せてもらった。

　図3と図4は、N高校とO高校の定期考査の、問題形式別の出題個数の割合を示している。円グラフの濃い灰色は記述式、中間の灰色は短答式、薄い灰色は選択式問題の全問題に占める割合を示している（論述式問題は皆無だった。ただし、普段の授業の課題として課されている可能性はある）。グラフ内の数字は問題数である。記述式問題は、文字数の多少は考慮に入れずに、一律に1問として勘定している。実際に種類分けをしてみると、これらの3種類には納まりにくい

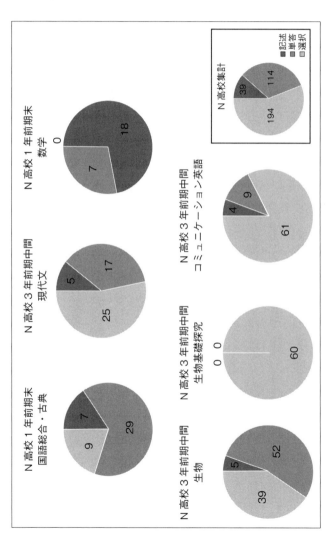

図 3　N 高校で実施された定期考査の問題形式。

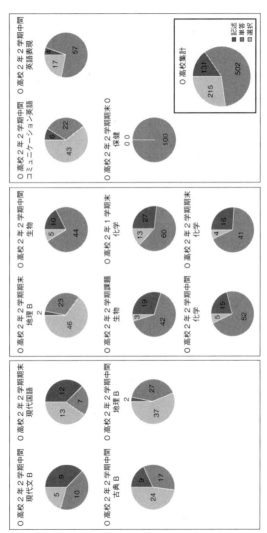

図4　○○高校で実施された定期考査の問題形式。

問題もあることに気付く。

　たとえば、国語の問題で、文章中から指定された条件に合致する部分を抜き出して答える問題の場合、解答の体裁は記述式のようだが、本文から該当部分を選んで抜き書きするのだから、選択問題として数えた。英語には単語を並び替えて答える問題がある。これも記述式のように見えるが、文そのものが解答者の考えを表すわけではないので、短答式として数えた。

　数学の問題で、解答過程を書くように求めている問題は記述式とした。化学の問題に多く見られる、途中経過は書かずに結果の数値のみを答えとして求めている問題は短答式とした。

　その一方で、化学反応式を書かせる問題は、化学反応式を、物質と物質の関係を記述する一種の文と考えて、記述式として数えた。その適否には異論もあると思うが、グラフ自体がおおよその傾向をつかむためのものであるから、多少の基準の異同は、以下の考察に影響を与えることはないだろう。

　N高校の数学の試験は記述式が多いが、筆者の高校での見聞でも、数学の試験はほぼ全問記述式だったと記憶している。数学以外では記述式の割合が比較的高いのは、O高校の2学期中間考査と期末考査の現代文Bである。前者の字数の内訳を見ると、20字程度が1題、20〜30字が3題、50〜

60字が1題、50〜70字が1題、70〜80字が1題、80〜90字が1題、80〜100字が1題である。記述式とは言え、普通の文章の1段落にも満たない短文である。当然、本書の第3節「論述問題とは何か」で定義したように、①文章に一定の構成がある、②先人の主張についての評価が論じられている、③結論に至る説得力のある筋道（論理）を備えている、といった論述の条件は備えていない。

あとは、O高校の化学と生物に、記述式が25%を少し上回る試験がある他は、各科の試験において記述式問題は全体の25%を下回っている。意外なのは、語学の科目であるにもかかわらず、英語関係の試験の記述式の割合が、概して低いことである。

各学校の問題種類別ごとの問題数を合計して、その割合をグラフ化した図を各図の下部に示した（太い黒枠で囲ったグラフ）。記述式問題の割合の平均値は、N高校で11.2%、O高校で15.4%だった。

短答式の問題には、問題文に設けられた空欄に入る適切な語句を答えさせる形式の問題が多い。また、選択式の問題にも、問題文中の空欄に与えられた語群から適切な語句を選ぶ形式の問題がある。このような穴埋め式問題は、定期考査だけではなく、授業用のプリントでも多用されている。

かつて学校で教師が教材プリントを作るときは、ロウ引きの紙に鉄筆で文字を書き、できた原紙を謄写版の木枠に固定

して上からインクがついたローラーを押し付け、更紙に1枚1枚印刷した。問題文を長々と書くのは大変だから、必然的に（後出の第9節、図6の問題文のように）「○○について述べよ」のような簡潔な問いになって、生徒は記述式問題を考えることになる。

　1980年代に全自動孔版印刷機（リソグラフ）が学校に導入されて、鉛筆で書いた原稿があっというまに印刷物になるようになった。筆者などはその恩恵を大いに被ったくちである。さらに、2000年ごろになるとパソコンが普及して、教材プリント作りは一層容易になった。一度作った原稿は、電子データとして保存しておけば、何度でも引き出して使うことができる。このような機器を用いて独自の教材づくりに励む教師がいる。その一方で、教科書の電子データから文章をとって、重要語句を空欄にしたものを印刷し、空欄に入れるべき語句を黒板に書くだけの授業をする教師もいる。「それだったら、最初から空欄に正解を入れておいてくれたらいいのに」という生徒の批判を聞いたこともある。道具というのは使い様だから、こういうこともやむを得ないのかもしれないが、上のような授業がセンター試験対策と称してまかり通っているのはいただけない。

　第4節「高大接続改革は何故頓挫したか」で、「どうすれば論述・記述に対する国民の意識を変えることができるだろうか。（中略）入試制度を変える前に、初等・中等教育自体

を変えて、論述・記述の重要性を多くの人に理解してもらわない限り、改革は不可能」と書いた。本節では、高校では論述はおろか記述の能力も重要視されていないことを、たった2例ながら、現在の高校の定期考査の問題形式を挙げて示した。このような状況だから、生徒がそういった能力を身に付けられないと同時に、教員も記述式問題の出題および採点には慣れていない。そこにもってきていきなり、文科省が天の声で記述式問題の導入を図っても、受け入れられないのも無理はないだろう。

6　高校と大学の乖離

　荒井（1998）は「大学教員たちがリメディアル教育（補習授業）を実施してみてわかったのは、高校段階での未習組の多さではなく、むしろ学生たちが学んだ高校教育と大学教育の乖離であった」と述べている。「乖離」とは、なかなかきつい語句だ。「そむき離れること。はなればなれになること（広辞苑）」という意味である。「動脈乖離」となると命に係る。そこまでひどくはないのじゃないかと思うが、荒井（2020）は、また「高校教育の延長にある大学教育などに、高校生は魅力を感じるだろうか」とも書いている。根底に、高校教育はつまらないものという前提があるように思えるのは、元高校教師の僻みだろうか。他にも大塚（2020）は、「大学教育は、高校教育の延長上にあるものではなく、高校教育の上に大学や学部のそれぞれが独自の方向性をもって発展していくものである」と述べ、高校教育と大学教育とは違うものだという認識を示している。

　このように高校教育と大学教育とは異質なものであり、両者は乖離していると言われる。しかしながら、どのように乖離しているかについての明確な論述には、寡聞にして出会っていない。ただ、大学教授たちがもらす学生に対する不満

（愚痴？）から、ある程度乖離の中身を推測できる。名古屋大学の数学の教授である浪川（1999）は、「数学の証明は、数学の言葉である記号を使っているが、要するに読む人を納得させるための「文章」である。しかし（学生によって）書かれている解答の多くは、そうした意識がまったく感じられない、いくつかの等式とその変形のいかにも恣意的な羅列にすぎない（括弧内は筆者の補足）」と書いている。

　浪川（1999）は、そのような状況に対して、「なぜ数学の答えの書き方がこれほど下手になったのだろうか？」と自ら問いかけ、自分の子どもの勉強を見たときの経験から、「小中学生の彼らが、学校で解答の書き方（特に文章題の解答）の訓練をほとんど受けていないことがわかった」と述べている。「書き方の訓練」がキーワードだろう。

　サンデー毎日「大学入試をとことん考える　君たちはどう学ぶか」（2020年3月22日）の中で、第1節でも引用したように、上西充子氏は「教員がそれら（学生自らの意見）を一つ一つ読み、添削し、フィードバックし、学生が書き直す。思考力や表現力とは、こうしたプロセスを経て養われるものです」と述べ、「書き方の訓練」の重要性を強調している。

　これだけの「証言」から何らかの結論を導くのは無理があるが、飛躍を恐れず欠けている部分を想像で補うと、次のような事情が読み取れる。大学教員は、入学してくる学生を見て、彼らには書く力がないと感じる。それは取りも直さず思

考力の欠如と映る。大学教育にはなにより思考力が求められるのに、高校までの教育ではそれが育っていない。それを教育の乖離と見る。ざっと、こんな具合だろう（上に「飛躍」と書いたのは、書く力と思考力の関係が今一つ論証されていないと感じるからである。これについては後節で検討することになるだろう）。

　高校でどの程度「書き方の訓練」がされているかを調べた研究がある。島田（2014）は、2つの国立大学の初年次生364名に対して、高校の3年間に受けた文章指導に関してアンケート調査を行った。「『国語』の授業において、まとまった分量（400字程度以上）の文章を書いた経験（回数）」を尋ねたところ、0回（41.2%）、1～3回（22.1%）、4～6回（15.1%）、7回以上（21.6%）だった。63.3%の学生が、3年間の国語の授業で0～3回しか書く機会がなかったと答えている。

　国語の授業以外で、教科・入試対策指導・教科外活動などで、まとまった分量の文章を書いた経験について自由記述を求めたところ、「書いた文章を添削してもらうなどの指導を受けた経験については、全体の約3分の2の学生が0回または1回」と答えている。すなわち、上記の上西充子氏が言うような「書いて、提出して、ダメ出しをされて、修正して、また提出する」を繰り返す訓練を高校時代に受けた大学初学年生はきわめて少ない。添削指導の有無はわからないが、3

年間に7回以上（1年間に2〜3回）書いた学生もいること
はいる。しかし、「まとまった分量」が400字程度以上を意
味しているので、段落を設けて文章に構造をもたせるような
指導を受けているかどうかはわからない。少なくとも2000
字程度の文章についての経験を尋ねてもらいたかった。

　このアンケート結果からは、高校教育では「書き方の訓練」
はまったくされていないとまでは言えないが、十分にはされ
ていないと言えるだろう。国語科で生徒に卒業論文を課して
いる中央大学杉並高校や、今や伝説となった灘中学校の橋本
武教諭（黒岩、2011）のような例はあるが、大勢としては「書
き方の訓練」は等閑視されている。筆者の体験も加味して、
そう言い切って差し支えないだろう。

　因みに、上記の中央大学杉並高校の場合、卒業生の9割以
上が内部推薦で中央大学に進学する。そのため時間をかけて
一つの課題に取り組むことができる（斎藤、2008）。逆に言
うと、大学入試というくびきのために、一つのテーマに時間
をかけて論述するようなことは、普通校ではできないのが現
状である。

　生徒にどのぐらい文章を書かせれば「書き方の訓練」を
したと言えるかどうかについての基準はないが、上記の島
田（2014）が掲載されているのと同じ本で、石井（2014）が
紹介している中国の事情が参考になる。それによると、「（中
国の教育課程の基準には）たとえば中学校段階の3年間は毎

学年一般に 14 回以上作文をさせ、このほか 1 万字の文章訓
練をさせる。45 分で 500 字以上の文章が書けるようにする
といった指導要領が示されている。漢字の凝縮性からして、
この「1 万字」や「500 字」が仮名交じりの日本語と比べて
はるかに分量が多いことはいうまでもないだろう」。また高
校では「…45 分で 600 字の文章が書けるようにし、課外で
も 2 万字以上の文章訓練をさせる」とある。これぐらいやれ
ば、「書き方の訓練」をやっていると胸を張って言えるだろ
う。中国でも作文の指導法については問題を抱えている。石
井（2014）は、「（中国の）高校教師などによるいくつかの論
文は、作文指導が十分ではなく、その結果作文能力が育って
いないと問題を提起している」と述べている。しかし、その
悩みは日本とは違うレベルのものだろう。

　フランスでは、初等教育の段階から系統立った文章指導が
行われている。渡辺（2020）は、フランスの小・中学校にお
ける作文指導を紹介している。ごくかいつまんで要点を記そ
う。小学校の指導は「描写」が中心である。たとえば「毎年
行われる『レシピ』の課題は目の前で教員が調理する様子を
観察しつつレシピ独特の文体を用いて、すなわち文法と語彙
で一連の過程を写し取ることを目的としている」。中学校に
なると指導の中心が「論証」に移る。その中で「とりわけ、
『論理的な連結を示す接続詞（connecteur logique）』は、一
覧表を作って高校 1 年生まで授業で繰り返し学ぶ」とある。

筆者はこの行を読んだとき、（古めかしい表現で恐縮だが）思わず膝を叩きそうになった。というのは、筆者が論文なるものを書きだしたころ、文と文をどのようにつなげるとよいのかがわからず苦労したからである。文章中の接続詞の役割は、「ある事柄と事柄、そして文章間の『関係』を明確にすることによって、論理的なつながりを厳密に伝達する」ことにある（渡辺、2020）。したがって、接続詞をうまく的確に使えるかどうかは、自分の書く文章が論理的ものになるかどうかをかなりの程度決定づける。中学校段階で、それを系統的に教えているところが素晴らしいと思った。

　このような作文指導が小・中・高校を通して行われているフランスの高大接続に関して、細尾（2020a）は、「大学教育で問われる学力像は、求める概念の水準に違いはあるが、普通バカロレア試験で問われるそれに近い。したがって、試験問題で問われる学力の質は、バカロレア試験と大学間で連続しているといえる」と述べている。フランスでは高校教育と大学教育の間に乖離は存在しないという見解である。

　渡辺（2020）や細尾（2020a）を収録している書籍は、全体としてフランスの高大接続制度を肯定的に捉えているが、同書の中には気になる記述も散見される。たとえば、細尾（2020b）は「イレー・ド・シャルドネ高校の歴史・地理担当のルサージュ教員は、『作文を書くには思考しなくてもよい』とさえ言っていた」と記している。その証言を裏書きするよ

うに、上垣（2020）は、およそ120年前に出版された書籍（ランソン『書く技術についての助言』1898年）の「（生徒が書いた作文は、）精細がなく、しまりもなくだらだら文章が続き、意味のない言葉が冗漫に並べてあるだけの、情景描写、ディスクール（言説）、ディセルタシオン（論述）が多すぎる」（括弧内は筆者の補筆）という批判を紹介している。ただたくさん書けばよいというものではないということだ。

　この節では、書く力と思考力の関係は一旦棚上げしておいて、高校で書き方の訓練がどれぐらい実践されているか、そしてそれを中国やフランスの水準と比較してどうかを検討した。そして、最後に、書く力と思考力は必ずしも等価とは言えないという意見を紹介した。次節では、この問題、つまり思考力とは何かについて考える。

7 思考力とは何か?

　教育の目標として「思考力を育む」とよく言われたり書かれたりする。

　この節では、「思考力」とは何かを考えようとしている。ただし、最初から構想があるわけではない。だだっ広いすそ野を山頂に向かって登るようなもので、何となくこっち方向が頂上かなという感覚を頼りに書きだしてみよう。

　最初の手掛かりは学校教育法の第三十条2の条文である。

> 　生涯にわたり学習する基盤が培われるよう、基礎的な知識及び技能を習得させるとともに、これらを活用して課題を解決するために必要な思考力、判断力、表現力その他の能力をはぐくみ、主体的に学習に取り組む態度を養うことに、特に意を用いなければならない。

　これが根拠法のような働きをして、条文から抽出された「学力の三要素(①基礎的な知識・技能　②思考力・判断力・表現力等の能力　③主体的に学習に取り組む態度)」が、中教審の報告を始め、いろいろなところに無批判、無定義で登場する。特に「思考力」とは何かがよくわからない。

　因みに、②にあげられている「判断力」には、この語が使

われる場面に応じて複数の意味がある。一般的には物事を決定する能力を意味する。いくつかある選択肢に優劣をつける、即ち物事を評価する能力とも言える。心理学では、物体の状態や形を認識する「空間認識」や、年月日や自分がいる場所を認識する「見当識」、その他の認知機能が統合されたものとして判断力がある。教育の場で用いられる「判断力」は、物事（命題）を評価する能力と考えてよいのではないだろうか。

　話を「思考力」に戻す。

　大学入試センターには試験問題評価委員会なる組織がある。同委員会は２つの分科会からなり、１つは各都道府県教育委員会等から推薦された高等学校教員からなる外部評価分科会、もう１つは試験問題を作成した教科科目第一委員会委員からなる自己点検・評価分科会である。大学入試センターは、毎年のセンター試験終了後に、試験問題の内容、難易度、出題方法等について、外部評価分科会が評価を行い、その評価に対する自己点検・評価分科会の見解も付して、年度ごとに「試験問題評価委員会報告書」として公表している。試験科目ごとの評価があり、最後に報告書の補足資料として外部評価分科会の総合評価が付されている。総合評価には「出題範囲」「思考力」等々の７項目があり、そのそれぞれに「大学入試センター試験の試験問題として適切である」と言えるかどうかが、１「当てはまらない」〜４「当てはまる」ま

での４段階の評価が記されている。

2021年２月時点の大学入試センターのHPには平成30年度、31年度、令和２年度の報告書が掲載されている。これによると、外部評価分科会の総合評価の項目「思考力」の評価はいずれの年度も４で、「基礎・基本を重視しながらも、論理的思考力や判断力を問う設問 が多く見られた。今後も同様の作問を期待する」と、この３年を通してまったく同じコメントが付されている。

この評価が妥当なものであるなら、受験生の「思考力」を測定するために、わざわざ大山を鳴動させて記述式テストを導入する必要はないという意見に説得力が出てくる。しかし、一方では、前節で引用した浪川幸彦氏や上西充子氏のような、思考力や表現力は、書く訓練を通して養われるという意見があり、選択式のセンター試験に対する外部評価分科会の評価とは根本的に食い違っている。両者の食い違いはどこで生じているのだろう。

「思考力」をどう捉えるかの違いではないかと思う。そもそも「思考」とは何か。Web辞典で検索してみた。コトバンク（ブリタニカ国際大百科事典）には、「ある対象、事態ないしはそれらの特定の側面を、知覚の働きに直接依存せず、しかもそれと相補的な働き合いのもとで、理解し把握する活動または過程をさす。その活動には、判断作用、抽象作用、概念作用、推理作用、さらに広義には想像、記憶、予想など

の働きを含む」とある。

　その他にも辞書・辞典ごとに多様な解説があるが、共通しているのは、「思考」の中核には「概念」「判断」「推理」があるという点である。『岩波小辞典　哲学』では、「広い意味では人間の知的作用を総括していう語であるが、通常は感性の作用と区別され、概念、判断、推理の作用をいう」と簡潔に説明している。

　続いて、岩波小辞典の「概念」「判断」「推理」の項をそれぞれ見ると、「概念」については「概念は事物の本質的な特徴（徴表）をとらえる思考形式である。例えば、金属という概念は固体、不透明、光沢、展性、熱・電気の良導体、酸素・塩素・硫黄などとの化学的親和性等を徴表とする化学元素を指す」とある。確かに、金属という概念があって初めて金属の性質を調べたり、利用の道を探ったりできるのだから、物を考える上で金属という概念が有用なことは理解できる。

　「判断」については、「概念とならぶ思考の根本形式。判断を文章で表したものが命題であるが、両者は、実際上はほぼ同意味に用いられる。（中略）判断は通常いくつかの概念または表象の間の関係を肯定または否定する作用として定義される。判断は概念を前提するが、概念はまたいくつかの判断を通じてつくられるもので両者の関係は相互的である」とある。「判断」と「命題」はほぼ同じ意味と書いてあるから、

上の説明文の（中略）以降の「判断」を「命題」と置き換えると分かりやすいように思う。「肯定または否定する作用」とあるのは、「AはBである」と「AはBでない」の二通りがあることを意味する。

　そして、「推理」の項には「1つ以上の真なる、または真と仮定された判断（前提）から他の判断（結論）が真であることを明らかにする思考作用。演繹的推理と帰納的推理があり、前者はまた直接推理と間接推理とを含む」と説明されている（最後の「直接推理」と「間接推理」の区別はここではあまり重要ではない）。

　これらの材料、および他の補足的な解説を参考にして、筆者なりに「思考とは何か」について要点をまとめると次のようになる。思考とは、広い意味では人間の知的作用を総括していう語である。狭義には、問題解決のための論理的推論を導く過程である。広義には、とりとめのない気まぐれな連想によって生じる非現実的な空想も、思考の一種と見なす場合もあるが、通常は、思考は空想が関与するところの意志・感覚・感情・直観などの感性の作用と区別される。思考には、概念、判断、推理の3つの形式があり、それらが単独あるいは複合して結果を導く。概念とは具体的事物の本質的な特徴（徴表）を捉える思考形式である。個々の概念を表す語（概念の名前）を名辞という。しかし、実用上は「名辞」ではなく「自由の概念」等、「概念」の語が用いられることが多い。

判断とは、通常いくつかの概念間の関係を肯定または否定する作用として定義される。判断は概念の存在を前提とするが、概念はまたいくつかの判断を通じてつくられるものであるから、両者の関係は相互的である。推理は、1つ以上の真なる、または真と仮定された判断（前提）から他の判断（結論）が真であることを明らかにする思考作用である。

　まとめると、ある事物から概念を抽出し、一つ以上の概念によって表される判断を基にして、推理によって別の判断を得る論理的な過程を思考という。

　思考をこのように定義すると、「思考力」とは

　①　概念を形成する力

　②　概念を用いて判断を構成する力

　③　いくつかの判断から別の判断を推理する力

　これらの3つの力を併せ持つものと定義できる。次節では、①〜③のそれぞれについて検討しよう。

8 いろいろな思考力

　前節で、思考力には3つの段階があると書いた。この項では、各段階の思考力と教育との関係について考察する。なお、前節の書き方に倣って3つの思考力を、それぞれ思考力①、思考力②、思考力③と書いて区別することにする。

（1）概念を形成する力

　筆者は高校から大学にかけて物理学を学んだが、一番理解に苦しんだのは「質量」である。高校の教科書には、「物質の量」を質量というと書いてあるが、「物質の量」とは何かがわからない。大学生当時から教員時代にかけて、何度も目を通した広重徹 著『物理学史』には、「ニュートンは、（その著作『プリンキピア』に）物質の量とは、その密度と嵩（体積）との積で与えられる物質の測度（測定量）である」とあるが（カッコ内は筆者の補筆）、そのすぐ後に、ニュートンは別のところで「密度は（物質の量）／（体積）であるということを述べている」とあって、明らかに循環定義になっている。

　しかし、ニュートンとその後継者は、この捉えどころのない質量を起点にして、惑星の運動などさまざまな運動を矛盾

なく解明することに成功した。このように概念を定着させる力、つまり思考力①は、思考力の中でも最も得難い能力だという気がする。物理学上の概念だけではなく、人文科学分野でも自由とか平等、あるいは民主主義といった重要な概念は長い歴史と多くの考察から定着していった。

　高校、または大学であっても、新しい概念を作り出す思考力①の能力を教育するということは、簡単にできるものではないだろう。しかし、既存の概念を正確に理解することは、きわめて大切である。高校の定期考査で、運動エネルギーの大きさを求める問題には正答できても、「運動エネルギーとは何か」という問いには答えられない生徒は珍しくなかった。これは筆者自身の反省点である。普段の授業の中で、主要な概念の定着をはかる努力が足りなかったと言うべきか。入学試験などでも、主要な概念の定義を記述式で問う問題がもっとあってもよいと思う。

（2）　概念を用いて判断を構成する力

　もうだいぶ昔のことになるが、2004 年の元旦のテレビ番組で、免疫学者の利根川進氏と作家の村上龍氏との、教育をテーマとした対談番組があった。その中で、利根川氏は「問題を見つける力が重要だと」言い、「どのように質問化すれば、答えが得られる可能性があるかを考えるのです」と述べた。免疫について研究する場合、机に頬杖をついて漠然と免

疫のことを考えていても成果は上げられない。免疫という現象のどの部分に焦点を絞れば、免疫の本質の一端を明らかにすることができるかを考えるのだ、と利根川氏は言いたいのだろう。同様のことを、小柴昌俊（2002）は、「自然に対して「わからないこと」をどういうかたちで問いかけたらよいのか、とことん考え詰めると、適切な方法にたどりつける確率がよくなる」と書いている。利根川氏が「質問化」と言い、小柴氏が「自然への問いかけ」と言った思考の過程は、解くべき命題を考えると言い換えることができる。すなわち、思考力②の「概念を用いて判断を構成する」ことに当たる。

　第3節に引用した坂本尚志 著『バカロレア幸福論』にも、思考力②に関連した次のような解説がある。要約して記す。バカロレアの哲学小論文では、たとえば「国家のない社会は可能だろうか？」のような、漠然とした問題が出される。解答に当たっては、いきなりこの問題にそのまま取り組むのではなく、この漠然とした問題を、「国家とは何か？」「社会とは何か？」「国家のない社会とはどういうものなのか？」「国家と社会は切り離せるものだろうか？」等々の、解答を書くための手掛かりになりそうな問題群に分ける。これを著者は「問いを発見する作業」と呼んでいる。上記の「質問化」や「自然への問いかけ」と同種の思考過程と言える。

　バカロレアの哲学小論文の問題が漠然とした問いかけであ

るのは、そこからより具体的な問題群を見いだすことの意義を考えてのことだろう。数百文字以内で答える記述式問題の場合は、字数制限のために与えられた問題を、細分化して複数の問題を設定している余裕がない。作問者も、そのことを考慮にいれて、要素に細分化する余地のない問題を出題する。したがって、一般的な記述式問題は解くべき判断を自ら構成する機会とはなりにくい。しかしながら、解答を記述することは「判断を構成する」練習、いわば模擬的な思考の例題としての意味はあるだろう。

　中井（2008）は、習得すべき概念を用いて現象を説明するよう教師が生徒に問いかけることによって、生徒がその概念を正しく理解しているかどうかがわかると、「比熱」を例に挙げて説いた。概念を用いて判断を構成する練習を通して、概念をよりよく理解することにもつながるのである。

　浪川（1999）は、「小中学生の彼らが、学校で解答の書き方（特に文章題の解答）の訓練をほとんど受けていないことがわかった」と書いて、数学教育においても小・中学校段階での書く訓練が重要であることを説いている。入学試験に出題されるからではなくて、通常の教育課程の一環として「書き方の訓練」が組み込まれていることが望ましい。

（3） いくつかの判断から別の判断を推理する力

　2020 年度のセンター試験（地理 B）の第 3 問、問 1 は、世界地図を緯度 15 度ごとにア〜エまで 5 つに区切って、それぞれの範囲内における人口 300 万人以上の都市の数の 20 年ごとの推移を考えさせる問題である（図 5）。緯度帯アの上端（北端）は北緯 60 度付近、エの下端（南端）は赤道付近にある。設問は、ウの緯度帯（北緯 15 〜 30 度）の都市数の変化を、表中に与えられた解答群から選べというものである。表には、1975 年、1995 年、2015 年時点における都市の数からなる数列が 4 種類与えられている。

　たとえば（①　21，33，54）とあるのは、1975 年は 21 都市、1995 年は 33 都市、2015 年は 54 都市が人口 300 万人を超えていたことを示している。4 種類の数列の中では①が、他を引き離して最も都市の数が多いから、①は、日本や米国を含む北緯 30 〜 45 度のイに当たると、これはすぐに推理できる。白状すると、それ以上なにをどう考えるのか、筆者にはお手上げだった。

　東進ハイスクールの解説によると、「ウは中国南部、インド、メキシコといった、人口の絶対数が大きい上に近年の成長が著しい地域を含んでおり、都市数の多い①、②のうち、1995 〜 2015 年の増加率の高い②に絞る」とある。つまり正解は②である。②の数列は、（6，19，39）である。なるほど近年の都市数の増加が著しい。東進の解説によると、③は

第3問　都市と村落に関する次の問い（問1～6）に答えよ。（配点17）

問1　次の図1は、北半球を赤道から緯度15度ごとに区切った範囲を示したものであり、下の表1中の①～④は、図1中のア～エのいずれかの範囲における人口300万人以上の都市*の数の推移を示したものである。ウに該当するものを、表1中の①～④のうちから一つ選べ。　13

*各時点での各国の統計上の定義による。

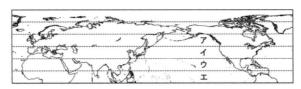

図1

表1

	1975年	1995年	2015年
①	21	33	54
②	6	19	39
③	6	8	9
④	4	8	15
世界全体	44	79	141

World Urbanization Prospects により作成。

図5　2020年度センター試験地理Bの問題（一部）

(6, 8, 9) で、該当する緯度帯はア（北緯45～60度）、④は (4, 8, 15) でエ（北緯0～15度）が該当する。

　因みに、表の③と④は似たようなもので、これは（作問者の意図を忖度すると）答えになりにくいから除外することに

して、上述のように①はイでしかありえないから、ウの都市数として残るのは②しかないと、選択式問題になれた受験生なら消去法で正答できそうである。しかし、そういう抜け道的な解法があることを、ここでとやかく言うつもりはない。

本書第7節で触れた大学入試センターの試験問題評価委員会報告書は、この問題について次のように高い評価を与えている。「アイディアに富む良問である。一般的な傾向（途上国における近年の都市人口の増大など）を実際の地域にどのように適用して考えるかという地理的思考力を試している。最終的には地図をどのくらい見ているかがポイントになる。そのことは地理学習に際して基礎基本とも言えよう」。

ここで言及している地理的思考力とは、緯度帯と300万都市の数およびその変化を関連付ける推理力を指すと考えられる。つまり、この問題を解くにあたっては、「思考力」に含まれる3つの力のうち、「③いくつかの判断から別の判断を推理する力」が必要である。この地理（B）の問題だけでなく、他の科目の問題でも、試験問題評価委員会報告書が「○○的思考力を試している」と評価している問題がある。そのような各問についての評価の総評として、「総合評価の項目「思考力」の評価はいずれの年度も4」があるのだろう（第7節参照）。

しかし、解答するには思考力が必要と評価されたどの問題の場合も、選択式問題である以上、上の地理（B）の問題の

ように、思考力のうちの推理力が必要な問題であって、「①
概念を形成する力」や「②概念を用いて判断を構成する力」
を試す問題にはなり得ないことを了解しておく必要がある。

　本項では、思考力がもつ３つの要素について、それぞれ教
育との関わりを検討した。そこから浮かび上がってきた結論
の一つは、「現状のセンター試験でも問題の工夫によって受
験生の推理力を試すことができる」である。ただし、試すこ
とができるのは推理力であって、思考力の３要素すべてでは
ない点に留意が必要である。浪川（1999）などの一部の大学
関係者が言う「書く訓練」によって育まれる思考力と、選択
式のセンター試験でも試すことができる思考力との違いはこ
こにあると考えられる。つまり、書く訓練は思考力①や②を
高める上で有効だが、選択式の試験問題を解いて養われる力
は、思考力③にほぼ限られるのである。

9 基礎概念の教育の決定的な欠落

　第5節では高校の定期考査の問題形式を取り上げた。本項では、第7節と第8節の思考力についての考察を踏まえて、旧制高校で実際に出された問題と、最近のセンター試験、および大学入学二次試験で出された問題を比較検討し、両者の背景にある教育観に言及する。

　図6は、昭和23年（1948年）の旧制松本高等学校の物理の試験問題である（松本市旧制高等学校記念館提供）。画像が不鮮明なので、3番の気柱の共鳴に関する問題を下に書き出す。

---

3. 細長い円筒を垂直に立て、水を一杯入れて下から徐々に流れ出させる。音叉を鳴らして上端近くに置くと、水が減るにつれて、時々大きな音が聞こえる。この時起っている主な物理現象を説明せよ。

　気柱が共鳴するときの、定常波のでき方や、気柱の長さと音叉の振動数との関係などを説明することを求められている。音波、振動数、定常波、音速、基本振動、倍振動などの語句を正しく用いているか、それらの物理量の関係を、数式

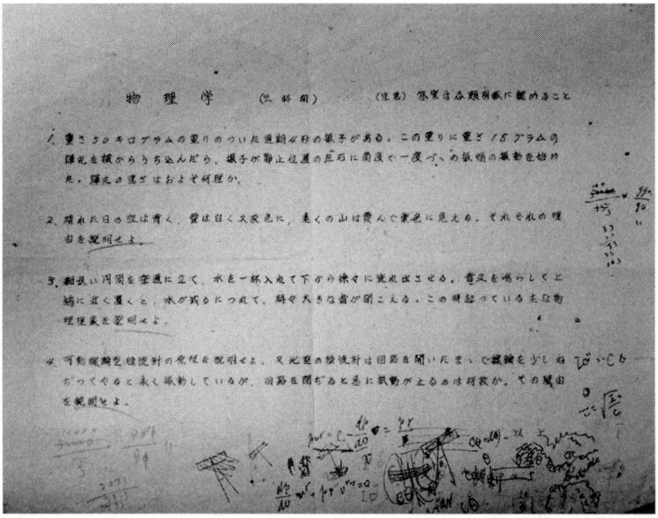

図6　昭和23年（1948年）、旧制松本高等学校の物理の試験問題
　　（余白部分の書き込みは原資料のまま）

を用いて記述できるか、縦波の定常波の波形を図示する方法を知っているか、などが採点の基準となるだろう。日本人が日本語で書くのだからだれでも書けそうなものだが、理論が分かっていても、いざ書くとなると案外難しい。たとえば、最初の一文をどう始めるか。読者も、高校時代に物理を習った人は、考えてみてください。

　図7は、2014年のセンター試験の問題の一部である。小問の（1）が、内容的には旧制松本高校の問題とほぼ同じである。気柱にできる定常波の形と、音の速さ（v）と波長（λ）

と振動数（f）の関係（v＝λ×f）を知っていたら、少し計算するだけで④が正解だとわかる。

　次に、図8は2010年の東大の二次試験の問題の一部である。前の2問と同様、気柱の共鳴を取り上げている。一応記述式の問題形式になっているが、文章による現象の説明が求められているわけではないから、特に記述式でなくてもよいように思える。

　50年以上前の旧制松本高校の問題と、現在の大学入試のセンター試験や二次試験の問題との違いが、高校生の学力にどのように影響するかを考えることが本節の課題である。

　旧制松本高校の問題は4題の文章題を3時間で解答する。図7のセンター試験は、21題の設問に60分で答える（たとえば、図7の設問を2題と数えている）。図8の東大の2次試験問題では、理科4科目中受験生があらかじめ選んだ2科目を2時間半（単純に言えば1科目あたり75分）で答える。物理には16題の設問があった。旧制松本高校の試験なら、試験中に一休みして窓の外の景色を見る余裕がありそうだが、センターおよび2次の試験ではそれこそ一心不乱に問題に取り組まないと全問に解答することは叶わないだろう。

　旧制松本高校の場合はごく基本的な概念を問うだけだが、センター試験や2次試験の場合は設問数が多いだけに、基本から応用までを取り上げることができる。それでも、筆者は、旧制松本高校の問題の方に教育上の意味があると考えて

[2014 センター物理Ⅰ]

　図のように、ピストンの付いたガラス管の管口付近に音源が置かれている。管口からピストンまでの距離 *L* と、音源の振動数 *f* は連続的に変えられる。音の速さを 340m/s とし、ガラス管内に定常波（定在波）が発生しているときは、ちょうど管口の位置に腹があるとする。

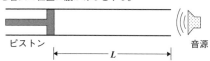

(1) ピストンを *L*＝50cm の位置で固定し、音源の振動数を f_1 としたとき、ガラス管内で共鳴が起こり定常波が生じた。次に、振動数を固定したままピストンをゆっくりと引いて共鳴が起こるかどうか調べたところ、50cm＜*L*＜70cm では共鳴せず、*L*＝70cm の位置で再び共鳴した。f_1 の数値として最も適当なものを、次の①〜⑤のうちから１つ選べ。$f_1 = \boxed{1}$ Hz

　① 170　② 340　③ 430　④ 350　⑤ 1700

(2) 次に、ピストンを *L*＝50cm の位置からゆっくりと引きながら、常に共鳴が起きるように音源の振動数を少しずつ変化させた。*L*＝50cm の位置での振動数が f_1。*L*＝70cm の位置での振動数が f_2 であったとき、$\dfrac{f_2}{f_1}$ の値として最も適当なものを、次の①〜⑥のうちから１つ選べ。$\dfrac{f_2}{f_1} = \boxed{2}$

　① $\dfrac{2}{5}$　② $\dfrac{5}{2}$　③ $\dfrac{5}{7}$　④ $\dfrac{7}{5}$　⑤ $\dfrac{2}{7}$　⑥ $\dfrac{7}{2}$

図7　2014年のセンター試験・物理Ⅰ（一部）

第3問　管の中では気柱の共鳴という現象が起こるが、そのときの振動数を固有振動数と呼ぶ。なお、以下で用いる管は細いので、開口端補正は無視する。

Ⅰ　管の長さを *L*、空気中の音速を *V* として以下の問いに答えよ。

(1) 管の両端が開いているときの固有振動数のうち、小さいほうから３番までの振動数を求めよ。

(2) 管の一端が開いていて、他端が閉じられているときの固有振動数のうち、小さいほうから３番目までの振動数を求めよ。

図8　2010年の東大の二次試験・物理（一部）

いる。この評価の分かれ目は、試験をする側が、計算問題に答えることができるかどうかを見たいのか、物理学の概念を正しく理解し使えるかどうかを見たいのか、にあるだろう。出題する人の教育観にもかかわってくる。

　教育の目的としての概念の正しい理解と使用についての識者の意見を探してみたところ、板倉聖宣氏がある講演で、いろいろな体験例を紹介して「最も感動的であるべき＜基礎概念の教育＞が決定的に欠落している」述べていた（板倉、1997）。筆者自身も、第8節に書いたように、「運動エネルギー」の値を求める問題には正解できても、その定義を問う問題には答えられない生徒が多いことに気付いたこと、そのほか同僚のベテランの理科教員から「光と熱は違うものか」と質問されたときの驚きなど、といった体験を通して、板倉氏と同じように考えるようになった。

10　断　章

　ここまで、高大接続をテーマにいろいろな文献を参照しながら論証を試みてきた。前後の関係で、文章中に取り上げなかった資料の中にも、大事なピースとして記憶に残った断章がいくつかある。忘れないうちに、書き留めておこう。

　断章1：ジャーナリストの江川紹子さんが、毎日新聞の取材に応じて「社会から『熟考』がなくなったと感じています」と語っている（毎日新聞「安倍政権が残したもの」2020年9月24日）。選択肢の①〜⑤のどれかを選ぶことで問題が解決してしまう世界に浸っていると、この世で起こる物事がすべて①〜⑤のどれかに帰着するような錯覚を抱くようになるのではないだろうか。①と②を合わせて2で割ったのが答えじゃないかとか、いやいや⑥や⑦の可能性もあるのではないか等々、熟考していたら次の問題に移れない。

　断章2：上西充子さん（法政大学キャリアデザイン学部）は、「教員がそれら（学生自らの意見）を一つ一つ

　　　　読み、添削し、フィードバックし、学生が書き直
　　　　す。思考力や表現力とは、こうしたプロセスを経
　　　　て養われるものです」と述べている（第1、6節
　　　　で引用）。その通りだと思う。学生が提出した文
　　　　を教員が読み、添削し、学生が書き直すプロセス
　　　　が、学生の思考力・表現力を高める。添削と書き
　　　　直しのプロセスは、学生に今一度よく熟考するよ
　　　　うにと示唆することになるから、上記の江川氏の
　　　　発言と、上西氏の発言には共通する部分がある。

断章3：細尾萌子氏の「イレー・ド・シャルドネ高校の
　　　　歴史・地理担当のルサージュ教員は、『作文を書
　　　　くには思考しなくてもよい』とさえ言っていた」
　　　　を、第6節で引用した（細尾、2020）。第6節を
　　　　書いているとき、この証言の意味がよくわからな
　　　　かったのだが、改めて考えてみて、筆者はこの発
　　　　言を次のように解釈している。フランスにおける
　　　　論述（ディセルタシオン）は、一定の形式に則っ
　　　　て行われる作文である。リセ（普通科）の最終学
　　　　年（日本流に言うと高校3年）の生徒たちは、週
　　　　4時間の哲学の授業を受けて、この論述の形式を
　　　　繰り返し練習する^(注10の1)。上記の「作文を書くに
　　　　は思考しなくてもよい」は、極端な発言だが、論

述の形式が頭に定着すればそう深く考えなくても
形式的に整った作文が書けるという意味だろう。
自転車に乗るようなもので、一旦乗り方が身につ
くと、ハンドルやペダルのことを考えなくても乗
れるというのに近い。そうなると自転車に乗って
どこに行くかに頭を使うことができるのと同様、
論述の形式が一旦身につけば、何をそこに盛り込
むかについて考えることができる。一見するとこ
ろでは、書く力と思考力とは関係ないと言い切っ
ているような発言だが、実は、書く力が身につけ
ば、より遠くまで思考を及ぼすことができるとい
う意味、と解することができる。

断章4：イタリアは教育の面では、日本と対極にある国の
　　　　一つだ。『違和感のイタリア　人文学的観察記』
　　　　（八木宏美 著）によると、「高校卒業の国家試験の
　　　　イタリア語は論文形式で、いくつかの与えられた
　　　　テーマの中から好きなテーマを選ばせ、六時間か
　　　　けて書かせる」とある。一つのテーマに6時間か
　　　　けて向き合うだけの知力と体力が要求される。
　　　　　イタリアの若者は鍛えられている。単に試験形
　　　　式の違いだけではなく、授業そのものが違う。
　　　　「ある高校では、ファシズムについては網羅的に

　64の解釈を教えていた」と紹介されている。

断章5：『カフェ・デ・キリコ』（佐藤まどか 著）は、亡く
　　　　なったイタリア人の父の故郷であるミラノへ移住
　　　　した中学生・霧子の物語である。霧子は、編入し
　　　　たばかりの中学校で、教師から口頭テストに答え
　　　　るよう指名される。少し長くなるが引用する。

　　口頭テストで指名されると、教壇の前に出ていって、15分
　から20分もの間、教師と生徒の一対一の質疑応答戦になるの
　だ。（中略）
　　「民主政治が生まれたのはいつの時代で、どういう背景のも
　とに生まれたのか、詳しく説明しなさい」
　　「えっと、そ、それは古代ギリシャの時代のことで…」
　　教室内で笑い声が起きる。
　　「そんなおおざっぱなことは、小学一年生でも言えるぞ」

　日本の授業風景とはずいぶん違う、と感じるのは筆者だけ
ではないだろう。先に引用した『違和感のイタリア』の著
者・八木宏美は、日本とイタリアの違いを「そぎ落し文化と
つけ加え文化」の違いと分析している。日本では、簡潔な要
約が常に珍重されるのに対し、イタリアでは生の情報を付け
加えることに心血が注がれる。それだけ無駄も多いのだが、
新たな創造への萌芽が含まれる可能性もあると著者は指摘し
ている。

　このように思考の方向が違うと、現実の理解の仕方が根本
的に違ってくるだろう。イタリア人は現実を複雑なものとし
て、そのまま理解しようとするが、日本人は現実のいくつか
の側面を捉えることによって理解する、あるいは理解した気
になる。地中海を越えて難民が押し寄せる状況にあってもイ
タリアという国はなんとなく余裕があるように見える。これ
が日本なら、もっとヒステリックなことになるのではないだ
ろうか。イタリア国民は、難民を社会の新たな要素として
「つけ加え」ていくのだろうか。

11　大学の役割

　日本数学学会は、1998，1999 年にトップクラスの大学の学生を対象に「算数」のテストを実施した。結果は「惨憺たるもの」だったらしい（中井浩一、2012）。数学学会はこの結果を少数科目入試の実施と「ゆとり」教育に原因があると分析した。同じころ PISA の国際順位の低下が問題になり、読解力と知識の活用に課題があるとされた。このような流れを受けて、2007 年の改正学校教育法は、学校教育の目標として、下の第三十条 2 を掲げた。

　　　基礎的な知識及び技能を習得させるとともに、これらを活用して課題を解決するために必要な思考力、判断力、表現力その他の能力をはぐくみ、主体的に学習に取り組む態度を養うことに、特に意を用いなければならない。

　文科省が大学共通テストに記述式問題を導入しようとした背景には、このような経緯があった。大学入試という大きな関門に記述式問題を差し込めば、「思考力・判断力・表現力」を向上させることができるだろうという目論見である。しかし、実際にやろうとすると、ことはそれほど簡単ではないことがわかった。

　上に書いたように、きっかけは大学生の学力低下問題だが、初等・中等教育にその原因を押し付けて、なんとか改善しようとしたがうまくいかなかった。その過程で出てきたのが「高校教育と大学教育の乖離（荒井、2020　他）」という認識である。教育の各段階で、その質が異なっているのはよくないと主張しているのかと思ったがそうではなかった。荒井（2020）は、

　　　高大接続とは互いに異質な教育課程を結びつけるプロセスである。だが、高大接続の役割はそれに留まるものではない。異質な教育課程の接合は新しい知的刺激を生み、新しい学びを発見させる好機である。
　　　（中略）
　　　幼稚園から大学まで「同質の教育目標」で貫くことなどつまらない話である。高校教育の延長にある大学教育などに、高校生は魅力を感じるだろうか。

と述べ、高大教育の乖離を肯定的に捉えている。その一方で、荒井（2020）は、2014年の中央教育審議会答申にあった「基礎学力テスト」が（第4節、図2参照）2021年には消え、大学入学共通テストのみが実施されたことについて、「基礎学力テストを切り捨てたことは高校教育改革に対する行政の責任放棄に近い。重大な失策であろう」とまで書いている。
　同じく荒井（2020）が述べているように、「基礎学力テストは主として『知識・技能』を評価するテスト、と性格づけ

られている」から、上の引用にある荒井（2020）の高校教育
改革とは、従来の高校教育において修得の目標となる「知
識・技能」をよりよく身に付けるための改革と了解される。
荒井克弘氏は「大学入試制度研究および高大接続論の第一人
者（中村、2020）」であるだけに、彼のこの見解にはがっか
りさせられる。

　というのも、筆者は「高校教育と大学教育の乖離」を小さ
くしたいと考えているからである。その主な狙いは、高校教
育の質を大学教育の質に近づけることである。ただし、この
文脈における「大学教育」は、あくまで理想の「大学教育」
であって、現実の大学教育ではない。

　大学教育について書かれたものを読むと、評判のよいもの
は少ない。理論物理学者の大栗博司氏は、著書の『探究する
精神　職業としての基礎科学（幻冬舎新書）』で「大学（京
都大学：筆者注）の最初の二年間は一般教養の勉強をするこ
とになっていました。しかし残念ながら多くの講義は期待は
ずれでした」と書いている。しかし、続けて「講義は期待は
ずれでも、自分で勝手に好きな勉強ができるのが大学のよい
ところです」とも書いている。この「好きな勉強ができる」
学生のイメージが崩れてしまったところに、今日の教育の問
題の根があるのだろう。

　講義は適当でも、大学に入学してきた学生たちは、自由に
なる時間さえ与えられれば、自分でしっかり勉強して、専門

課程の方に進んできてくれる、という具合に学生の学習能力を当てにはできなくなった。

その対処療法として登場したのがリメディアル教育である。リメディアル（remedial）とは、「治療の」という意味で、教育分野では大学の授業についていけない学生のための補習授業を指す。リメディアル教育の必要性は、高校カリキュラムの多様化が進み、たとえば高校で生物を学んでこなかった医学部の学生とか、物理を学んでこなかった工学部の学生など、大学の専門課程で必要とされる基本科目を履修せずに入学する学生が増加していること、ならびに、そもそもの学力の低下にあると言われている（有本、1997）。

ところが、リメディアル教育においても大学の先生方の悩みは尽きない。荒井（1997）は次のように述べている。

　　物理の補修授業をしている大学の先生がたから、補習教育はむずかしいという話をたびたび聞きました。端的にいえば高校科目の補習は大学教育の補習にならないという話です。大学で高校科目を補習しようとすると、学生たちは条件反射のように受験勉強に回帰してしまい、例題や演習問題をどう解くのかということばかりに学生の意識がいってしまう。ところが、大学教育で教えたいのは、例えば、物理学はどのように生まれてきたか、自然界から法則がどのように発見され、それがどのように定式化されてきた、というようなことだとすると、学生の学習への対応とは全然別の方向をめざしていることになります。

　しかし、問題は学生の資質にあるのか、あるいは教員の話し方にあるのか、上記の大栗氏の講義についての感想（筆者自身の体験に基づく感想も）を踏まえると、両方に問題がありそうだ。教育は良きにつけ悪しきにつけ、再生産されるものである。高校教育の教員は大学で教育を受けて教員になったのだから、大学教育がまともなら、生徒の知的好奇心を満たすような高校教育をしてくれると期待できる。大学教育を通じて生徒に伝えたいものを修得した教員なら、学習指導要領や入試制度がどうであれ、自分の授業を組み立てることができるはずである。本書第9節でも引用した板倉（1997）は、以下のように述べている。

　　「最近は大学に入学してくる学生が高校程度の基礎学力ももっていない」ということで「大学で高校程度の基礎学力から教える必要がある」などといいますが、私はあまり賛成できません。大学の先生方は、自分たちで本当に基礎学力と思う事柄を大学で教えて下さればいいのだと思うのです。いまの〈文部省の学習指導要領〉などに準拠して、その基礎学力がなくてもいいのではないかと思うのです。

　高校教育や入試制度に責任転嫁せずに、大学は大学でやるべきことをやりなさい、という板倉聖宣氏の遺言だろう（板倉氏は2018年死去）。

12 「文章指導」はどこから？

　本書の「(7) 思考力とはなにか」で思考力には

　　・概念を形成する力
　　・概念を用いて判断を構成する力
　　・いくつかの判断から別の判断を推理する力

の３つの要素があることを論証した。センター試験のような
選択式の試験でも、受験生の思考力を試すことができと言わ
れることがあるが、それは思考力の中でも③の推理力に限ら
れることを、第8節「いろいろな思考力」で述べた。

　次いで、第9節「基礎概念の教育の決定的な欠落」では、
センター試験だけではなく二次試験も含めて、大学入試で高
得点をとることを目標とした教育では、学問の基礎的な概念
の学習がないがしろにされがちであることを述べた。

　第10節「断章」は、単に引用を並べただけだが、どの引
用も初等中等教育における文章指導の必要性と大切さを示唆
するものである。

　日本の初等中等教育では文章指導が行われていないこと
は、次のように小説の中でも指摘されている。

(例1) 彼女はこつこつと書いている。最初に来た文章を見
　　　て、「私は作文がへた」だというのは謙遜ではないと
　　　判った。正しい自覚だ。― 中略 ― 事実と感情を整理
　　　して書き分けられないのだ。
　　　　　自分の学生時代を思い出してみて、そういえば学校
　　　で「感想」を書けと言われる機会はいくらもあった
　　　が、「何が起こったかを書け」と指導された経験はな
　　　いと気づいた。

(例2) 日本人は学校で英語を学ぶけれども、あまりできな
　　　い。あとで分かったのは、文法のテストに多くの時間
　　　を費やし、正解に丸をつけるだけだということ。ライ
　　　ティングはあまりしない。

　例1は、宮部みゆき著『名もなき毒』からの引用。例2
は、アンナ・ツィマ著『シブヤで目覚めて』からの引用であ
る。例1の「自分」は小説の中の主人公のことだが、著者自
身の経験が反映されているのだろう。これらの引用は、国語
も英語も、もっと文章教育を充実させてください、という現
役作家からの要望と受け取った。
　本書第11節「大学の役割」では、学生の思考力育成のた
めに大学が、その責任を果たさなければならないと書いた。
もちろん、初等中等教育に責任がないわけではないが、現役
大学生の学力低下の責任が初等中等教育に（特に大学人に
よって）押し付けられている風潮に対して苦言を呈したつも

りである。もとより、初等中等教育で文章指導が必要なこと
は言うまでもない。しかしながら、戦後、大学の大衆化に
伴って選抜の効率化の圧力が高まり、その対策として共通1
次・センター試験が導入され、一層効率的な選抜制度が実施
されるようになった。今や、その入試制度下における教育を
受けた人たちが教員になっているのだから、小学校から大学
まで、教員自身の文章力は深刻な状況にある。これは筆者の
教員経験を通じての観察だが、教員が、たとえば2000字以
上の文章を書く機会は、ごく一部を除いて教職歴の中でない
と断言できる。そのような状況において、文章指導を充実さ
せるとしたら、どこから手を付けたらよいか、途方に暮れざ
るを得ない。

　いきなり小・中・高校で文章指導を義務付けても、教員
たちはどう教えればよいかわからない。そこで、是非とも
文科省にお願いしたいのは、全国の教育系学部に文章指導
の講座設置を義務付けることである。もちろん大学の教育
学部であっても、そのような講座を即座に開設することは
難しい—つまり担当できる人材が手薄—と思うが、当面は
暗中模索止むなしと腹を括って、ともかく始めてもらいた
い。

　教員免許を取得するために必要な科目の追加・変更は、過
去に例がある。「総合的学習」の導入は、小学校では2002年
から、中学校と高等学校では2003年から実施されたが、教

育職員免許法施行規則が改訂されて、大学の教員養成課程の
カリキュラムに「総合的な学習の時間の指導法」が加わった
のは 2017 年 5 月だった。

　これは本来、順序が逆であるべきで、教員養成課程で総合
的学習の指導法を身に付けた人が、教員になる時期を見計
らってカリキュラムの変更をするべきだ。現場での実施開始
から 15 年経って初めて、その指導法が教員養成大学で講ぜ
られたのである。しかも、「（大学の）担当教員にこれ（総合
的学習のこと）に関連した業績がない場合、『各教科の指導
法』『道徳教育の指導法』『特別活動の指導法』のいずれかに
関する活字業績があれば担当可能とされた（丸括弧は筆者の
補筆）」（荒尾、2018）。これでは「泥棒を捕らえて縄をなう」
と言わざるをえない。現場の混乱を考えない、ずいぶん乱暴
なやりかただ。

　もう一つ、最近になって教育職員免許法施行規則が改訂さ
れて、必修科目に追加されたのは「学校安全への対応を含
む」科目である（2021 年 5 月施行）。「学校安全」について
の研究者が少ないから、これについても各大学は対応に苦慮
しているだろうが、数年後には格好がついてくるだろう。こ
ちらは、学校安全についての教員の資質向上を通じて、授業
内容等に影響していくことを期待している。現場への影響は
徐々に広がるだろう。

　後者の例のように、まず教員養成課程の科目で「文章指導

法」を講じてもらって、それを修得して教員になった人が実地に児童・生徒を指導する。このような形で着実に「文章指導法」を定着させることによって、児童・生徒の思考力の育成を図ってもらいたい。

13 文章教育に熱心な英国

　実際に文章指導を教育に取り入れている国のやりかたを眺めてみよう。イギリスは、フランスに負けず劣らず、文章教育に重点をおいた初等中等教育を行っている。その様子は、山本麻子（2003；2006；2010）に詳しく解説されている。これらの本によると、英国流の文章教育はずいぶん充実しているように思える。その中身を紐解く前に、日本に比べてより充実した文章教育を実践している結果として、日本との比較の上で、英国社会にどんな影響が生じているかを見てみよう。

　まず、一人当たりの GDP を比較する。1990 年（英国20,688 ドル／日本 25,196 ドル）、2000 年（27,828 ／ 38,534）、2010 年（38,738 ／ 44,674）、2020 年（40,406 ／ 40,146）（Web資料 13-1：ファイナンシャルスター　より）。2020 年に逆転されるまで、日本の方が優っていた。2020 年以降が気になるところだが、文章教育が国の経済に大きな影響をもたらしているとは判断できない。

　「科学論文数（2016 〜 2018 年の年平均）」は、英国 62,443件／日本 64,874 件と、数の上では拮抗しているが、人口比は、日本はイギリスの約 2 倍だから、国民一人当たりにする

と英国の方がだいぶ多い［「文科省科学技術指標 2020」Web
資料 13-2］。また、2016 〜 2018 年の世界の論文数は 10 年前
（2006 〜 2008 年）より増えていて、英国は、それに同調して
論文数を増やしている（53,375 ➡ 62,443 件）のに対し、日本
は（66,460 ➡ 64,874 件）とむしろ減少しているのが気になる。

　学術論文の重要度は、他の論文によってどれだけ引用され
るかによって測られる。引用の多い論文の上位 1% の論文数
で比較すると英国は 765 件（2006 〜 2008 年平均）から 976
件（2016 〜 2018 年平均）と増加したのに対し、日本は同時
期に 351 件から 305 件へと減少した。

　英国の博士号取得者数は、2007 年の 16,600 人から 2016
年の 23,650 人へと増加しているが、ほぼ同時期に日本では
17,860 人（2006 年）から 15,024 人（2015 年）へと減少して
いる［教育指標の国際比較平成 22 年版（Web 資料 13-3）；「諸
外国の教育統計」平成 31（2019）年版（Web 資料 13-4）］。
若手学者の活動度が低下しているのかと心配される。

　ノーベル賞の数にはだいぶ開きがある。2020 年までの受賞
者数は、英国 133 人、日本 28 人。受賞の歴史が違うから、
これらをそのまま比較しても意味がない。しかし、日本人が
初めてノーベル賞を受賞した 1949 年（湯川秀樹）以降の受
賞者数を比べても、英国の 97 人は日本の 28 人を圧倒して
いる。日本の GDP（US ドル換算）が英国のおよそ倍だった
2000 年以降の受賞は、英国 33 人、日本 17 人と、やはりノー

ベル賞受賞者数を指標にすると、英国がかなり日本を上回っている。

　では、「教育制度への市民満足度」はどうかと見ると、英国民の69％が満足しているのに対し日本は48％と、かなり水を開けられている［「世界辞典 – OECD（2017年）」Web資料13-5］。しかし、文科省の「義務教育に関する意識調査（2005年実施）」（Web資料13-6）によると、5.5％の保護者が学校に「とても満足」しており、64.5％が「まあ満足」している。また、児童・生徒自身も学校を「とても〜まあ楽しい」と回答したのが、小学生は78.9％、中学生は75.0％と高率である。こういった感想を聞くアンケート調査は、質問の仕方によって結果が変わってくるものだから、両国の教育制度の優劣をこれだけで判断することはできないだろう。

　これらの統計の中で、文章教育に力を入れる度合いが影響しているかもしれないのは、論文数と博士号取得者の減少、およびノーベル賞受賞者数の差だろう。論文数は、ひょっとしたら深刻な状況を反映しているのかもしれない。上出洋介（2014）は、「2003年に始まった国立大学の法人化も論文数低下の理由になっていると嘆く人も、少なからずいます」と遠回しに、法人化の影響を指摘している。そのこころは、「教授、准教授が、法人化に伴う中間目標の設定や報告書作成に多くの時間をとられ、落ち着いて論文を書いている暇がない」ということらしい。しかし、法人化に伴う事務仕事をだ

れかが肩代わりすれば、解決する問題とも思えない。

　筆者はたまに学術誌に投稿された論文の査読を依頼されることがある。研究内容には意味があっても、論の立て方や、表現の面で、このままでは論文にならないと感じる論文に出会う割合が高い。おそらく筆者のところに来る論文の著者は、若手のことが多いのだろうが、それにしても所属する研究室の教授が目を通しているはずだから、どうにも心もとなくなる。

　筆者は、高校の教員をしながら論文を書いて、10年かかって論文博士号をもらった。始めのうちは、指導教授に原稿を提出すると、真っ赤になって帰ってきた。ある段落全部が、意味不明と書かれたこともある。3〜5回、提出と添削を繰り返して、ようやく「そろそろ投稿しましょう」とゴーサインをもらえた。始めは、筆者は英語が苦手だから、なかなか書けないのだと思っていたが、そのうち英語の問題ではなく、文章そのものが書けないことに気付いた。上西充子氏も指摘するように、一人前に論文が書けるようになるには、まとまった文章を書いて人に見てもらって批判を受ける、そういうトレーニングの繰り返しが必要なのだろう（「(10) 断章」参照）。論文数の減少には、文章教育の貧困が深く関わっているように思えてならない。

　上のような統計的数字よりも、具体的な事例の方が説得力を持つかもしれない。2021年11月28日の朝日新聞は、「水

に流す日本　検証する英国」と題する社説を掲載した。英国
政府はイラク戦争を検証するために独立調査委員会を設け、
7年の調査の後、「ハリー・ポッター」全7巻の2.4倍の報告
書を公表した、とある。ハリー・ポッターが各巻約600ペー
ジだとすると…、ともかく膨大な分量の報告書だ。それに比
べて、日本では、民主党政権時代に対イラク武力行使につい
て検証したが、その報告書は A4 用紙でわずか4枚だった、
と社説は述べている。英国の膨大な報告書をだれが読むのか
という疑義もあるだろうが、今の人が読むことより、未来の
歴史学者が検証するための素材を記録し残すことに意味があ
るだろう。

　日本における公文書の軽視は、文章教育を疎かにした結
果、国民の間に書かれたものを尊重する意識が育っていない
ことが、原因の一つではないだろうか。パソコンが学生の
レポート作成に活用されるようになって、いわゆるコピペが
悩ましい問題になっている。その事情は英国でも変わらない
が、かの国では年少の頃から「自分の貢献と他人の貢献とを
区別することは、それぞれの権利を守るためには非常に重要
なことである」と教えられている［山本、2006］。

　著者（山本）の息子が英国の大学生だったときは、学期
に1回は剽窃についての講義があったそうだ。彼が、大学に
提出したレポートの表紙には「剽窃についての規定事項を読
み、それを了承しました」という文に提出者が署名するよう

になっていた。そんな簡単なことで、剽窃行為が減少するか
どうか、効果のほどは疑わしいが、繰り返し言及することに
よって、剽窃が恥ずべき行為であることを学生の心に根付か
せることを期待した地道な努力の一つと言えるだろう。日本
には、「書いた物が物を言う」という言い回しがあるが、昨
今の公文書改竄事件は、書いた物の値打ちを著しく衰退させ
ている。

14 英国流文章教育 (5歳～8歳)

　第12節で宮部みゆきの小説を参照した。その中で、著者は主人公に「学校で『感想』を書けと言われる機会はいくらもあったが、『何が起こったかを書け』と指導された経験はない」と言わせている。著者自身の述懐と見てよいだろう。

　本書第6節で、フランスの小学校における文章指導は描写が中心との、渡辺（2020）の報告を紹介したが、イギリスでも同様の指導が行われている。『書く力が身につくイギリスの教育』（山本麻子 著、2010）には、イギリスの文章教育が最も初期に生徒に要求する課題は、「できごとを時系列に述べる」であると書かれている。何が起こったかを、起こった順に書きなさいということだから、宮部みゆきが（おそらく）望んでいるであろう指導と一致する。

　本節および第15、16節では山本（2010）を参照しつつ、英国で文章教育がどのように行われているかを概観する。

　山本（2010）は、著者自身の3人の子どもが英国で受けた文章教育について書いているが、紙面の関係で受けた教育の内容が漏らさず書かれているわけではない。著者が文章教育の面で重要、もしくは特徴的と考えることが選択して書かれているから、読んでいるとトピックスとトピックスの間の時

間の流れが分からないことがある。そこは、筆者自身が、教育の流れや意味付けを想像して書く。また、著者は必ずしも子どもの年齢に沿って記述していないので、おおよそ年齢順になるように前後を並べ替えて書いているところもある。（注：本書では、特に必要がない限りは、著者の3人の子どもを区別せずに「A君は…を学んだ」のように、簡単のためすべてA君と表記することにする）。

　英国には、この科目にはこの教科書を使うという意味で決まった教科書はない。授業で使われる教材は、担当教師がそれぞれ工夫して用意したものだが、教材は違っても同じ目的をもった教育が英国で広く行われていると、著者は繰り返し述べている。文章教育に特別熱心な教師による授業ではないと考えてよいだろう。

　英国の初等中等教育では、書くことだけではなく、「聞く−話す」と「読む−書く」が相互に関連づけて教えられる。その総合的な言語能力が最もよく試されるのは、おそらく演劇指導においてであろう。それについては山本（2003）に詳しく書かれている。しかし、ここでは、文章指導に焦点をあてて考察しようと思う。主な参考文献は山本（2003と2010）である。

　「できごとを時系列に述べる」ことの他に、書き方について最も初期に学ぶことは、目的と読者を考えて書くことである。文章を書く目的と読者を考える必要があることについ

て、山本（2003）に次の解説がある。少し要約して書く。

> （p.113）読むことと書くことは「表裏一体」である。学校で
> は、文章の読み方は一つではないと繰り返し教えている。立
> 場を替えれば、自分の文章が自分の意図とは違う解釈をされ
> ることがあるということだ。だから、書くときには、目的を
> 定め、読み手を意識することが重要である。

　それにしても児童の年齢を考えると「目的」や「読者」を
考えるのは難しいことのように思えるが、具体的な指導とし
ては、「読者」については「君たちが書いたものを読むのは
だれだろう？」と問いかけることである。これならできそう
である。書く「目的」を持たせるための問いかけについて、
山本（2010）は書いてないが、さしずめ、「君たちは何につ
いて書くのかな」などと問いかけるのだろう。

　児童は、たいてい自分の身の回りで起きたことを、時系列
を追って書く。次の例文1と2は、A君の作文である。

　例文1「ぼくたちは種子を植えた。かぼちゃの種をもって
きた子もいた。果物の種もあった。先生は種を植木鉢にまい
た」。

　例文2「ミニチュアの汽車に乗りにでかけました。そし
て、汽車に乗りました。汽車の中に入りました。小さな汽車
もありました。ほかの汽車にも乗りました」。

　日本では、感想文としてこのような作文を課されることが多いだろう。上の例文を見る限りでは、英国では、児童の感想より、あったことをできるだけ詳しく書くことが求められているように思える。これは筆者の想像だが、日本では、たとえば遠足について書く場合、どこに行ったかとか、何があったかなどは、教師も友だちも知っていることだから、それより君が感じたことを書きなさいと指導されるのではないだろうか。

　日本では、感想をもつことが推奨される。小学校の学習指導要領には「感想」という語句が12回、中学校では11回登場する。小学校国語の学習指導要領解説には全249ページ中に、「感想」が152回も登場する。その中で「感想や意見」とか「感想や考え」のように、「感想」が「意見」または「考え」と並記されている箇所がたくさんある。前者は20回、後者は14回である。

　このように「意見」や「考え」と並記される「感想」とは何か。広辞苑で「感想」を引くと「心に浮かんだ思い」とある。自分が考えたというより、勝手に浮かんできた考えを指すようだから、「感想」を書くように指示されたときは、自分の「考え」を書くが、そのように考える理由は問われていないと考えてよさそうである。国が定める言語教育の教育課程の中で、こういうあいまいなものが、これほど繰り返し推奨されるのはいかがなものか。日本語の特性とか、国民性と

か言って済ませてしまってよいものかどうか、筆者は判断に困っている。

それはともかく、本節の冒頭で再度触れた宮部みゆきの小説中で述べられた教育の在り方のもともとの原因はこういうところ、すなわち学習指導要領で「感想」が強調されていることにあるのではないだろうか。

ついでに高校の学習指導要領を検索していると、さらに妙なことに気付いた。高校の学習指導要領にも「感想」が46回も登場する。出てくるのはすべて英語に関係する科目について書かれた節である。「感想」を和英辞典で調べると「impression」と訳されるが、「感想」と「impression（印象）」は、近いけれど、「感想」を「impression」と置き換えられるほど、近くないように思う。

日本語では「読書感想文」はよく用いられる語句だが、これを英語に置きかえるとすると「book report」あるいは「book review」らしい^{（注14の1）}。「report」も「review」も「感想」とはあまり意味の上の重なりがない。早い話、英和辞典でreport や review を引いても、そこに「感想」という和訳は見当たらない。どうやら、英語には日本語の「感想」にぴったり当てはまる語句がないようだ。学習指導要領は、英語に適語訳がない「感想」を、英語の時間に書いたり話したりすることを要求している。これをどう解釈すればよいのか、筆者はここでも戸惑わざるを得ない。

15　英国流文章教育（8歳〜12歳）

　次に、児童は「目的を決めて報告・レポート」を書く方法を学ぶ。たとえば「好きな乗り物について書く」という課題が与えられると、児童は教師が用意した乗り物についての数冊の本を読んで、ワークシートに自分が選んだ乗り物がどういう乗り物か、その特徴は何かなどを書く。ワークシートには乗り物の絵も描く。乗り物にまつわる自分の経験について書くこともある。これらの作業を通して、児童は、得た情報を整理することを学ぶ。

　このようなワークを1学期に1回の割合で行う。ワークシートは、特別なものではなく、厚手のA3の白紙を2つに折って閉じたものである。子どもたちはそれを「ブック」と呼ぶ。1回目は白紙3枚からなり、表紙・裏表紙と、文字や絵を書く作業ページが10ページある。2回目は、用紙が4枚になって、作業ページは14ページ。3回目は、用紙は6枚で、作業ページは22ページと、ブックが厚くなっていく。山本（2010）には、A君が作ったブックとしては、「ぼくの感覚器官」「ぼくの爬虫類ブック」が紹介されている。

　ワークシートを使った学習と並行して、子どもたちは国語（英語）の授業でテキストを読んで問いに答えたり、綴りの

練習や句読点の使い方などを学んだりする。そこは日本と同じだが、句ではなく文で答えることが、繰り返し求められるところが違う。

　物語を書いて「ブック」の体裁にまとめる。教師は、読んだしるしに最後にチェックマークを書いて返す。教師は、この年齢では綴りや時制の間違いは、最小限の修正しかしない。文章の正確さより、まとまったものを書くことに意味があると考えているようである。よく書けている作品には「良い（Well done）」とか「がんばったね（Good try）」などと書いて返す。日本の学校でも児童に物語を書かせることはあるが、それほど頻繁ではない。物語を書かせる教育的意味は何か。一つは、物語を書く経験を積んでいけば、本を読んで自分ならこう書くと批判的に読書することができるようになるだろう。そして主人公（多くは自分）が、常に何らかの状況の中にいることを意識し、それを読者にわかるように説明する練習にもなるだろう。

　教科以外の活動でも書く練習をする。「子どものための交通安全規則」の時間では、7枚のワークシートが渡された。1枚目は、絵の色塗りをしたり、適語を埋めて注意事項を完成させたりする。2枚目は、順不同に書かれた注意事項を、正しい順に並べて文を書き写す。注意事項の前後関係に注意を向けさせると同時に、大人が書いた文章を書き写すことによって、普段の作文とは違った表現を学ぶことができる。日

本のテストによくあるように、注意事項に番号を振って、正しい順になるよう番号を並べて書きなさいといった問題の出し方はしない。あらゆる機会を捉えて児童が文を書くようにしむけるのである。3枚目は、「道路は斜め横断ではなくまっすぐ横断するのはなぜか」など、規則の意味が問われる。次に、4枚目から7枚目までは、表裏で7コマの交通事故の一連の場面を描いた絵が描かれている。児童は、コマの絵を見て、ストーリーを組み立てる。学習時間の初めに聞いた事例や注意事項を、自分の頭の中で再構成する機会となる。

　次に、描写的作文の段階から一歩進んで、「推論」や「説得」「議論」の要素を含む文を書く。

　　例1：手がかりとなる出来事（「二階で物音がする」「黒板に字が書いてある」等）を基に、状況を推理（または想像）し、文章で表す。

　　例2：物語を読んで登場人物を説得する。たとえば、登場した幽霊にもう出てこないでと説得する文を書く。

　教師は、綴りの間違いや文法の間違っている箇所に下線を引いたりするが、子どもが書いた内容には手をつけない。「良い」「良くなった」「短すぎる」などの評を加えるだけである。子どもは、間違いを指摘されたスペルを3度練習し、それを教師が確認する。また、日付や題がないとそのことを指摘し、句で書くと文章で書きなさいと注意する。教師は、修正された箇所を確認してチェックマークを付ける。このよ

うな教師の指導方法は、初等中等教育全体を通して一貫して
いる。

　9歳半ごろに学校として行う国語の正式の試験がある。問
題は読解とエッセイ。読解はテキストについての質問に答え
る。ここでも「文章で答えなさい」と注意される。エッセイ
は3つの題から1つを選んで作文する。A君が受けた試験
で出された題は、「淋しい海岸」「その瞬間！」「屋根裏部屋」
だった。書く時の着眼点についての助言が付記されている。
たとえば、「淋しい海岸」については、「淋しい海岸を想像
し、詳細に興味深くなるよう描写しなさい」などとある。単
に淋しいと書くのではなく、どのように淋しいのか、なぜそ
の海岸が淋しく感じられるのか等、以前より詳しい描写力が
求められている。

　国語の授業で養った、話をしたり説明をする能力は、歴史
や科学といった他の科目でも訓練される。歴史でローマにつ
いて学んだあとの1時間のテストでも、やはり「すべての質
問に文で答えなさい」という指示がある。「ローマを築いた
兄弟の名をあげなさい」という質問に、A君が「ロムレスと
レムスがローマを築いた」と答えると、著者は「一応点がも
らえた」と書いているから、もう少しなにか書かないと満点
をもらえないようだ。単に「兄弟の名をあげなさい」という
質問に対しても、兄弟の出自や時代背景を説明の中に織り込
まなければならないのかもしれない。自分の知識や解釈を披

歴する機会を与えられているのに、最小限の答えでは、機会を有効に使ったとはいえない、という考えだろうか。

　理科室の使用に先立って、A君は「実験室での危険」について、絵を描いて説明文を書いた。A君が絵だけ描いて提出したら、「教師からは『C』の評価をもらって、『絵はだいたいよいが、文はいったいどこにあるの』と書かれた。そこで、注意事項を書き足して再度提出したら、『よくなった』という評になった」。教師は子どもが、教師の助言（コメント）を参考にして、文章を直しているかどうかを確認している。教師にとっては大変な労力だが、生徒にとっては、一度評価されて終わりではなく、助言を得て文章を修正することによって、自らの力量が上がるのを実感できるのだろう。

　A君は、理科の授業が始まってすぐに、ガスバーナーの使い方を学んだ。「バーナーに火をつける」という題で、教師の説明を聞いて、バーナーの使い方を、バーナーをマットに載せるところから、順を追って箇条書きで書いた。日本でもガスバーナーの使い方を教師が説明するが、それを筆記させることはほとんどないだろう。これは、定まった教科書がないことと関係する。教科書がないから、このような基本的なことも自分で記録しなければならないのだが、その真意は、逆で、児童が書くよう仕向けるために、教科書を使わないのだろう。

　この頃になると、学習帳を用いる。上のような事情がある

ので、要点のみを書くのではなく、びっしりと文章による説明を書く。教師が配った資料を切り取って貼ったりもする。児童はこれを「ノート」とは言わず、「ブック」と呼ぶ。「ノート」はもともと「短い記録」を指すから、このような学習帳は「ブック」が適した呼び方と言えるだろう。

　理科の実験では、初めのうちは「タイトル」以下を一連のものとして書いているが、そのうち「タイトル」「目的」「器具」「方法」「結果」「議論」と区別して書くようになる。「議論」が導入されたばかりの段階では、生徒は、教師が用意した質問に答える形で、結果を基にした推論を書く。その後、質問も自分で考えるようになる。このように、レポートを書く要領を、10歳前後から順を追って学習していることがわかる。

　12歳前後になると、国語の時間に文学ジャンルに特徴的な比喩や描写の手法を学び、たとえばゴシックの手法を用いて物語を書くなどの課題が出される。異なる文体を模倣することによって、文章の目的にふさわしい文体への意識付けがされるだろう。

　さらにこの頃、「議論文」の書き方を学ぶ。議論文とは、人によって意見の相違が生じる状況を扱う文章を指す。山本（2003）には次のように書かれている。

　（p.119）あるトピックに対して賛成か反対かを論じるときには、次のような手順を踏むようにと指導されていた。「議論のもととなる事実を書きだすこと」「事実と考えを分けて整理する、それによって自分の見解が明確になるはずだ」「偏りのない公正な見方をするために、それぞれの立場の長所と短所を根拠を挙げて論じる」などである。

　フランスのディセルタシオン（哲学小論文）（第3節「論述問題とは何か」を参照）の手法と似通っている。A君が練習のために与えられた課題の一つは、「マクベスは王となるにふさわしい性格であるか」だった。文学作品の鑑賞と文章指導が一体となって、徐々に高度な課題が課される。

16　英国流文章教育 (13歳〜15歳)

　理科は、化学、生物、物理の3科目に分化し、それぞれバインダーを用いて、教師が配布したワークシート、生徒がテーマについて調べて書いたA4用紙、試験問題と答案などを挟み込む。つまり科目ごとのブックになる。教師が最初に配布した「宿題の提出についてのガイドライン」には、氏名と日付の書き方のような細かい注意と共に、「答えは、簡潔な文で、主語、動詞、適切な形容語句等を用いて書きなさい」と指示されている。宿題の提出が遅れたときは「その事情を、担任の先生に証明してもらうようにしなさい」と一見厳格だが、単に罰を与えるのではなく、文章教育の一環として自己の事情を説明する機会を与えているようにも思える。

プロジェクト・ペーパー

　地理学習の一環としてフィールド・スタディをする。学校が選んだ村を調査対象として、生徒は調査結果をもとにプロジェクト・ペーパーを作成する。事前に地理の教師から「自分の調査項目はなにか」「(調査結果についての) 自分の仮説は何か」「(調査には) どんな方法をとればよいか」の3つの質問が出る (丸括弧内は筆者の補足)。この指導法について、

著者は、「（p.178）私が大学で研究していた時に似たような質問を自分自身に問いかけながら作業を進めていったのを思い出す」と述べている。

　本書は、高大接続問題を考えるために書き出した。そもそも高大接続が問題になったのは、高校教育と大学教育の間に乖離があると考えられたからである（第6節「高校と大学の乖離」参照）。上に書いた著者の述懐は、英国ではそのような乖離は存在せず、初等中等教育で生徒が身に付けた能力が、そのまま大学において、そして社会においても役立つことを示唆している。

　A君は、15歳から16歳にかけて GCSE 試験に備えた勉強をした（GCSE は中等教育修了一般資格。イギリスの試験制度については山本（2003）p.27 参照）。A君は受験科目の一つに技術工作（Design and Technology）を選択した。試験には、独自に新しいものを開発するプロジェクトが課される。審査官によるプロジェクトの評価は、7割が製作過程の記述、3割が作品の出来具合に基づいてなされる。次の評価基準が公表されている（p.208）。

　1　問題の提示とその分析
　2　これから作る製品の具体的な仕様
　3　現状調査（リサーチ）
　4　現状に対する考えられる解決方法・改良点
　5　適切な解決方法の選択

6 これから作る作品の技術デザイン

7 以上を実行に移すための実際の計画

8 作品の各部分の品質の考察や組み立て方の考察

9 出来上がった作品の作動と修正

10 全過程の自己評価と反省

11 報告書(プロジェクト・ペーパ)の構成と提示

これらの項目に、作業中の写真、関連業者との手紙でのやりとりなども添付して、プロジェクト・ペーパーは、A3サイズの用紙50枚から80枚ぐらいになる。A君は、スーパーのポリ袋をゴミ袋として再利用する際に、ごみの匂いが気になるので、袋の口を密閉する器具を考案した。他の実例には「足の不自由な人のための自動ドア」「リモコンで方向を変えられるランプ」「ゴルフプレイヤーのための電動キャディ」「赤ん坊のための改良歩行器」などがある。

この稿を書いているとき並行して、『秘闘 私の「コロナ戦争」全記録』(岡田晴恵 著)を読んだ。クルーズ船の乗員・乗客の扱い、PCR検査の限定実施など、国民が受けてしかるべき説明がないまま、日々、感染者数の増加をやきもきしながら眺めるしかない事態にいら立ちを覚えてこの本を購入したのである。次の一文に注意が引き付けられた。

（p.89）様々な重要な方針・政策が政府によって決定され実施されていたが、最も問題であったのは、これらの政策が必要である理由、政策の目的、決定のプロセス、責任者などが国民に一切説明されていなかったことだ。クルーズ船のときも同様だった。メディアもそこを追求しない。ただ「こうなりました」とだけ伝えられ、それがなし崩しになっていた。

　一切説明がないまま、なし崩し的に物事が決められていくのはなぜか。もし、政策決定の過程を注視する国民の目があれば、政治家や官僚も詳しい説明をせざるを得ないだろうし、そうであれば合理的な理由のない政策を強行することはできなくなるだろう。

　日本におけるこのエピソードと、上記の地理学習と技術工作における課題の出され方との対比から言えることは、初等中等教育の過程において、物事の決定に関して、その決定を選んだ理由を明記し、読者がわかるように説明する技術と習慣を身に付けさせることに、文章指導の核心的な意味があるということである。ただただ感想文のような文章を書く機会を多くするだけの文章教育ではだめなのである。

教師のコメント

　教師は生徒の提出物に、「見た」という印のチェックマークだけのこともあるが、コメントを書いて生徒に修正を要求することがある。なにしろ提出の頻度が高いものだから、そ

れをチェックする教師の労力は大変なものである。教師の仕事の大半はこの作業に費やされる。筆者自身もある程度は、その大変さがわかる。と言うのも、筆者は高校で主に物理を教えていたので、生徒が年間10回ほど提出する実験レポートを評価する仕事があった。その上、最後に勤めた学校の生徒は概して低学力であったため、授業ノートをとれない生徒、ノートを持ってこない生徒は珍しくなかった。

　そこで、授業の始めにプリントを配って、それに解説を書かせ、各授業の最後に回収、評価して次の授業で返却することを繰り返した。そして、定期考査ごとにプリント類を閉じたファイルを回収してチェックした。そのため筆者の机の前にはいつも生徒が提出したプリントがゴム止めされて積み重なっていた（授業プリントについては中井・伊藤（2008）p.84 を参照）。

　山本（2010）は次のように書いている。「（p.190）何度も繰り返すが、イギリスの教師にとっては、生徒のノートを見ることが仕事の大きな部分を占めるのだ」。一方、日本では、現役の小学校教師が起こした時間外労働に関する訴訟について、2021年10月1日に出た判決は、児童の作文の添削にかかる時間は労働時間として認定しないというものだった（妹尾、2022）。山本麻子氏のコメントを聞いてみたいところである。

　教師がつけるコメントの内容については、山本（2010）で

繰り返し言及されている。

　　（p.94）教師は生徒の書き方にコメントをするが、生徒の書
　いた内容に意見を言うことはない。
　　（p.196）内容に対する自分自身の感想といういわば関係ない
　ことを書く教師はまずいなくて、みな生徒の書き方の上達を
　指導するためのコメントを書いていた。

　山本（2003）でも次の記述がある。

　　（p.111）教師のコメントは、いかに読者を引き付けるか、ど
　のように筋を発展させるか、描写は効果的かどうか、などの
　表現方法の点に徹していた。

　教師のコメントに関して特に印象に残ったのは、「きみが
経営しているリゾートホテルに問い合わせをした人に、自分
のホテルをぜひ使ってくださいと売り込む手紙を書く」とい
う課題に対する、A君の作文と、教師のコメント、そしてA
君の修正文である。A君が書いた手紙の文面は、長くなるの
で山本（2010）を参照されたい。
　教師がつけたコメントは「（p.94）この課題については、ア
プローチの仕方も材料の使い方もよかった。でも材料の提示
順序が的確ではない。きみは、各材料（内容）を一つずつ最
後まで処理せず、その次の内容に進んでいる。また、パラグ
ラフプランに沿って書いていない」だった。「材料の提示順
序」というのは、A君の文章では、ホテルの設備について書

いてあるかと思うと、次は周辺の見どころに移り、ふたたびホテルの魅力について売り込むといった具合になっていることを指摘している。A君は、そのコメントを受けて書き直して提出した。その修正文では、「材料」が格段に整理されており、これだけのコメントでこんなに修正できるのかと驚いた。そこに至るまでの指導のたまものだろう。

　教師は「内容について意見を言うことはない」という著者の指摘には深い含蓄がある。A君は母親（著者）に、英語の先生がいつも言っていることを話した（山本、2003）。

　　（p.92）先生によると、「（読者は、）作者が書いたもので何を言おうとしているのかを勉強するだけではない」のだそうだ。作者は必ずしも生きているとは限らない。だからその作者がどのように考えていたかは本当は分からない。「読者は書かれたものがどのように解釈できるかを学ぶのだ」という。その先生は「正しい答えというものはない」「解釈は一つとは限らない」「答えも一つとは限らない」とクラスの皆に事あるごとに言っていた。（一部略）

　その先生は、生徒にこのような説明するとき、次のページの図（図9）を示したそうだ。読者が10人いれば、解釈も10通りあるということだろう。このような考え方に則ると、生徒が書いたものも一つの解釈と評価される。教師が問題にするのは、生徒の解釈が他の人にもわかるように書かれているかどうかであって、解釈の中身そのものを否定したりする

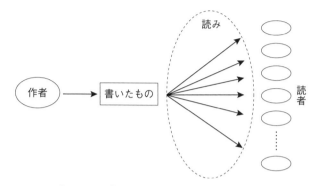

「作者」と「書いたもの」と「読者」との関係

図9 「『作者』と『書いたもの』と『読者』の関係」を説明する
　　ための板書

ことはないのだろう。

　このエピソードに対比して頭に浮かぶのは、2022年に実
施された共通テストの国語の問題である。第1問には、課題
文の一部をあげて「その説明として最も適当なものを、次の
①〜⑤のうちから一つ選べ」という設問が4題あった。その
うちの一つを真剣に考えて解答してみたが、正解ではなかっ
た。正解とされた文をよく読むと、なるほどそうかもしれな
いとは思ったが、そんなことに頭を使うことに虚しさを覚え
た。

　なぜ虚しいのかをよくよく考えてみた。「最も適当なもの」
を選んでも、それは自分の解釈とは違う。上の図にあるよう

に、読書とは、読者が「解釈」を通して作者と対話すること
である。設問が文章で答えるものであれば、自分の解釈を盛
り込むことができて、結局正解と同じ解答をしたとしても、
ある程度の達成感を味わうことができるだろう。他人が書い
た解釈を、それもわずかな違いに神経を尖らせて正解を選ん
だところで、達成感は得られないということだと思う。それ
に、課題文は原作の一部なのだが、そのまた一部の文を別の
言い方にするとしたらどれが適当かと問われているだけなの
で、原作の題（「食べることの哲学」および「食べるとはど
ういうことか」）について考えを巡らす猶予は一切与えられ
ないもどかしさからくる虚しさもある。

　ここまで、英国の文章教育を概観した。本節では文章を書
くための教育に焦点を当てたが、山本（2003）に詳しい説明
があるように、英国では初等中等教育の期間を通じて、「読
むことと書くこと」「聞くことと話すこと」がセットになっ
て、児童・生徒の能力開発が進められているようだ。理想的
にも見える教育だが、もちろん国内で批判がないわけではな
い。たとえば、英語教育に重点が置かれるあまり、他の数学
などの教科担当者が意欲を失うようなこともあるらしい（山
本、2003）。さらに深刻なのは、国レベルの学力テストを、7
歳、11歳、14歳、16歳（GCSE）、17歳（GCE AS レベル）、
18歳（GCE A レベル）と大学進学まで数年から1年おきに

を受ける必要があり、テスト漬けとの批判も当然ある。しか
しながら、学問をするにもビジネスをするにも英語が欠かせ
ない英語の世界的な隆盛を見ると、英国の教育戦略が功を奏
していると言わざるを得ない。

17 高校入試問題

　第5節で、高校の定期考査問題の形式について書いた。その際の調査では、伝手を辿って現役の高校生から試験問題をもらったので、配点の重み及び採点基準はわからなかった。記述式問題にどの程度の点数があたえられているのか、また採点の基準はどうかなど、確認しておきたいと考えた。

　そこで、高校入試の問題に着目した。中学校の卒業生に対して高校が期待する学力の質を知ることができると期待される。高校入試は都道府県ごとに実施されるので、高校入試の問題は各都道府県の中学校教育の在り方を反映しているとも考えられる。以下は、年度別、都道府県別の高校入試の問題と正解を掲載しているウェブサイト

　Rese Mom〈https://resemom.jp/pages/public-highschool-exam/index.html〉提供の資料による。

　2021年度の入試について筆者の現在の居住地である山梨県と、高校教師として過ごした大阪府の問題について、各教科の記述式問題への配点を調べた（次頁の表）。国語の問題では記述式問題への配点が全体の50%程度あり、記述への配慮がなされているように見える。しかし、5教科の合計をすると、山梨県は全教科500点満点中、記述式問題の配点は

山梨県	国語／100点	数学／100点	理科／100点	社会／100点	英語／100点
記述式問題	48点	19点	24点	24点	16点

大阪府	国語B／90点	数学B／90点	理科／90点	社会／90点	英語B／90点
記述式問題	48点	8点	12点	13点	10点

注）大阪府では国語と数学と英語はA、B、Cの3種類の問題を作成している。Aは基礎、Bは標準、Cは発展問題である。高校が各校の実情に応じて3つの中から選択する。ここでは、標準のB問題を取り上げた。

131点（26%）、大阪府は450点満点中の91点（20%）と、記述式への配点は高くない。問題数を比較すると、山梨県は全209問のうち記述式は34問（16%）。大阪府は全172問のうち19問（11%）だった。第5節で述べた2つの高校の定期考査における記述式問題の問題数の割合は11%と15%だったから、これらの数値を見る限りでは、高校入試の問題と高校の定期考査の問題とで、記述式問題の重みは大きくは違っていないようだ。配点で見たときの方が、若干記述式問題の割合が高いのは、記述式問題への1問あたりの配点が概して高いからである。

　上に、国語の問題においては記述式への配慮があるように見えると書いたが、問題の中身を検討すると、必ずしも配慮

が行きわたっているとは言えないことがわかる。2021年度の山梨県の国語の問題の場合、記述式問題は10問あったが、そのうち5題は問題文に設けられた空白部に適切な言葉を入れよという形式である。これらの問題では、文全体ではなく文の一部を答えとして書くことが要求される。

　その他は、漢文の書き下しが1問、問題文からの抽出が1問である。受験生が自分の言葉で作文する問題は、問題文中の語句を用いるという制約があるものを含めて3題、配点にすると19点である。その3題のうちでも2題は、主語、述語、目的語がそろった文にして答えることを要求されていない。たとえば、「筆者は○○をどのようなこととして捉えているか」という問題に対する正答例は「△△すること」とあり、「筆者は、○○を△△することと捉えている」と文の形で答えることは要求されていない。

　山梨県の2021年度高校入試問題の他の科目についても、筆者が記述式と分類した問題の正答例を検討した。理科の第1問の問1（2）は「ゼニゴケは、どのようにして水分を吸収するか、簡単に書きなさい」である。正答例には「からだの表面全体から直接吸収する」とあった。この「正答」だけを取り出すと、何を言っているのかわからない。すなわち、完全な文として成立していない。主語、目的語を補って「ゼニゴケはからだの表面全体から水分を吸収する」と直すと、この文だけで意味が通じる。

　同じく「理科」の第２問の問３は、次のような問題である。少し短くして記す。「採集した岩石Ｘがチャートか石灰岩かを知るために、うすい塩酸を数滴かけると、反応が見られた。岩石Ｘの名称と反応のようすを簡単に書きなさい」。反応のようすの正答例は、「とけて気体が発生する」である。これも「岩石Ｘは、うすい塩酸をかけると気体を発生してとける」のように書かないと、完全な文にはならない。

　大阪府の2021年度高校入試問題「理科」には記述式問題が４題あったが、いずれも問題文の空白部分を補う形式なので、必然的に文全体ではなく文の一部を答えることになる。

　また、同じ年度の「社会」の問題１の（4）②は「江戸時代に国内の鉱山で採掘された銅は、大阪で精錬された後、その多くが長崎に運ばれた。17世紀後半から19世紀前半までの間に銅が長崎に運ばれたおもな目的を、関連する外国を２か国あげて簡潔に書きなさい」という問題で、正答例として「清やオランダへ輸出するため」が挙げられている。これも、問題文から切り離してこの正答例だけを読むと意味が通じない。たとえば、「日本で採掘し精錬された銅は、清やオランダへ輸出するために長崎に運ばれた」であれば、この一文だけで理解することができるだろう。

　他の都道府県の問題も「理科」を中心にざっと閲覧した。神奈川県や東京都の「理科」のように、記述式問題の配点が100点満点中４点と、極端に少ない自治体があるが、大概の

自治体では山梨や大阪と大同小異だった。

　正答例の丁寧さという面では、長野県の理科の正答例が丁寧に作文されている印象を持った。同県の「理科」の第3問Ⅱ（3）は、ある地点の気温と湿度の変化から、天気図を推定させる問題である。問「3日目の6時の天気図として最も適切なものを、次のア〜エから1つ選び、記号を書きなさい。また、そのように判断した理由を、気温の変化、前線の位置の変化にふれて、説明しなさい」に対する正答例は「3日目の3時頃から気温は急激に下がり、天気は雨に変化している。したがって、3日目の6時前に寒冷前線が通過したと考えられるから」であった。「…から」で終わらずに「…から、イの図がもっとも適切である」と書けば一層よかったと思うが、正答例でも主語、述語のある文になっている。

　第14節〜16節に紹介したように、英国の文章教育では、ごく初期のころから教師は「句ではなく文」で答えることを児童・生徒に要求する（第15節参照）。そして、文は「主語、動詞、適切な形容語句等を用いて書きなさい」と指導される（第16節参照）。入試や定期考査において記述式問題には丁寧に文で答えることと指示書きをし、日頃からそう指導することは、日本でも可能だろう。

18　高校教師の役割

　『変動する大学入試』（伊藤実歩子 編著、2020）は、ヨーロッパ諸国（オランダ、イタリア、オーストリア、ドイツ、フランス、スウェーデン、イギリス）の高大接続の諸制度を詳しく紹介している。これらの国々で高大接続に大きな役割を担っているのは、中等教育修了資格認定制度である。日本のように大学入学のための選抜試験ではない。

　本書第4節に述べたように、教育再生会議や中央教育審議会が提案した、「基礎学力テスト」等（第4節図2参照）は、中等教育修了資格認定制度に発展する可能性をもったものだと筆者は理解しているが、これらの案は日の目を見ることがなかった。同制度に期待する訳は、大学入学の選抜試験とはちがって、高校の教員がそれに関与する余地が生まれるからである。高校教師を蚊帳の外に置いたまま高大接続を論じても、いわば高校島と大学島の間に橋をかけるのに、高校島側にまったく橋脚がないようなもので、そんな状態では安定した橋は望みえない。

　本節では、『変動する大学入試』を参照して、上記の国々の高大接続において、高校教師がどのような役割を果たしているかに注目して、その場合に発生する課題を各国がどのよ

うに解決しているのかを見ていく。同書は各国ごとに異なる著者が分担して執筆しているので、著者、すなわち国によって力点の置き方が違う。(冒頭に担当著者名を記す。)したがって、本稿の目的である高校教師の役割について、詳しく書かれている国もあれば、あまり詳しくは書かれていない国もあることを断っておく。

オランダの場合　(奥村好美 著)

　中等教育修了の資格を取るためには、全国規模で行われる筆記試験の「中央試験」と、各中等教育学校で行われる「学校試験」を受験しなければならない。中央試験では、多肢選択問題のような問題だけでなく、記述問題も出題される。学校試験では、筆記試験だけでなく、口頭発表やレポートなどさまざまな方法で評価される。

　「中央試験」の作成には、試験ごとに約10人が関わる。このうち8人が受験生を教えている中等教育学校の教師たちである。受験生を教えている教師たちが関わることによって、試験問題が現在の中等教育学校での授業や生徒たちに合っているかどうかが検討できるようになると考えられている。

　「学校試験」は、各学校が独自の試験を作成し、実施して評価する。それを、教育・文化・科学省の下の準独立機関である教育監査局が評価している。各学校には法や共通の枠組みに基づく範囲で一定の自由が保障されている一方、教育の

質を維持しやすくするように、各科目のハンドブックなどの
支援ツールがふんだんに用意されている。

イタリアの場合　（徳永俊太　著）

　マトゥリタ試験（後期中等教育課程の修了資格試験）は、
1923 年の学校改革の際に、後期中等教育と高等教育を接続す
るための試験として導入された。試験の大きな枠組みは公教
育省が決めているものの、試験問題の作成、採点は各高等学
校に設けられた運営委員会にゆだねられており、試験も各学
校で実施される。大学への接続を目的としていたため、導入
時（1923 年）には大学教員などの外部の人間によって運営委
員会が組織され、試験が運営されていた。

　しかし、1952 年に大きく変更され、運営委員会に委員会を
設置している高等学校の教員が加わることになった。大学教
員などの外部の人間と学校教員という内部の人間とによって
組織された運営委員会が試験を運営するというやり方は、今
日まで存続している。

　マトゥリタ試験において学校での学習が重視されているこ
とは、最終的な得点配分からも読み取ることができる。マ
トゥリタ試験には筆記試験と口述試験がある。各テストの点
数に、学校での学業成績が加算され、最終結果（満点は 100
点、合格点 60 点）が算出される。

　公教育省が HP に示した筆記試験の例には、試験の時間は

6時間であること、イタリア語の辞書、母語がイタリア語でない生徒はイタリア語・母語の辞書を使ってもよいことが付記されている。筆記試験の問題例の一つとして、ある精神科医の論文からの引用を読んで問いに答える問題が紹介されている。提示された引用文は、人間の条件における真の力の要素として、自分自身の脆さと弱さの自覚であると提起している。受験生は自分の知識、経験、私的な読書に言及しつつ、このテーマについて6時間かけて作文することが要求される。必要であれば、適切なタイトルをつけたいくつかの段落に考察を分けてもよいし、内容を総合的に示す全体のタイトルを付けて論を提示してもよい。

オーストリアの場合 （伊藤実歩子 著）

　オーストリアでは、2013年度まで後期中等教育修了資格試験（一般大学入学資格試験）が学校ごとに行われてきたが、2014-15年度に改革され、全国統一の通称「統一マトゥーラ」を導入することになった。

　統一マトゥーラは、①課題論文、②記述試験、③口述試験（実施順）から構成され、これをマトゥーラ三本柱と呼ぶ。受験生は、以下のように7つの試験を受けなければならない。どの7つを選択するかには2通りのパターンがある。課題論文と3教科の記述試験、3教科の口述試験を受けるパターンと、課題論文と4教科の記述試験、2教科の口述試験

を受けるパターンである。記述試験を3教科受ける場合は、必修のドイツ語、数学、外国語を受ける。4教科受ける場合は、必修の3教科と他の1教科を選択する。

　課題論文では、4万〜6万字の論文に加え、プレゼンテーションとディスカッションが求められる。課題論文は教育課程上に時間が設けられておらず、教師が空き時間に生徒と打ち合わせする。この点は教師の多忙化を招くとして批判されている。生徒はマトゥーラ受験の前年から課題論文に取り組み、担当教員の指導を受けながら約1年間かけて論文を作成する。一人の教員は最大5人の生徒の指導を担当することができる。

　必修の記述試験問題（ドイツ語、数学、外国語　筆者注）では、教育省のマトゥーラ試験部局がすべての教科の開発・作成を行っている。ただし、この部局の実働メンバーは、修士号、もしくは博士号を取得した教員経験者が中心である。必修でない他教科の記述試験は、改革以前と同様に各学校の教員によって作成され、評価される。

　口述試験は学校単位で行われ、学級担任、教科担任、学校長、学年主任、外部識者の5人からなる試験委員会によって実施される。受験者は、箱の中に用意されたテーマを抜き取り、その場で20分間準備を行い、続く15分以内で口述試験を受ける。

　必修ではない教科の記述試験同様、口述試験問題の作成は

各学校教員の手にゆだねられている。各学校の教員は、①カリキュラムに関連させ、②その学年のテーマに結びついた、③またその学級独自のテーマを考慮した口述試験の問題を作成する。教員が口述試験の作成主体になることで、授業での重点を確認でき、教員の指導の裁量をある程度残すことができると考えられている。

ドイツの場合　（ロター・ヴィガー　著／伊藤実歩子　訳）

　ドイツは地方分権国家であるために、アビトゥア（中等教育資格試験）も州ごとに行われている。もっとも、州統一のアビトゥアになったのも近年になってからで、それまではオーストリア同様、学校ごとに行われることを基本としていた。

　アビトゥア試験は900点満点で、そのうち卒業時における5教科の試験（記述4科目、口述1科目。これがアビトゥアと呼ばれている）は300点である。残りの600点は在学時の成績を換算して数値化したものである。統一アビトゥアの問題は、州の教育省において基本的にはギムナジウム（10歳から8年または9年間、大学進学を目指して通う学校）の教員が作成する。統一アビトゥアの評価、および統一ではない記述試験ならびに口述試験は学校ごとに行われており、やはりギムナジウムが試験を主導する。

フランスの場合　（坂本尚志　著）

　中等教育修了資格試験ないしは、大学入学資格試験と訳されるバカロレア試験の作問ならびに採点は、高校教員によって行われる。現在（2020年以前を指す。後述するように2021年に大幅な改革が行われた。）のバカロレア試験には普通、技術、職業の3種類がある。普通バカロレアはES（経済社会系）、L（文科系）、S（理科系）の3コースに分かれており、高校のカリキュラムもこの区分に対応している。

　ここでは、もっとも受験者の多い普通バカロレアを例にとり、試験の概要を見ておこう。三年時制の高校（リセ）の第二学年の学年末に、各コースともフランス語の試験が実施される。これは4時間の筆記試験と20分の口述試験からなっている。また、第二学年を通じて実施される指導付個別学習の評価は春休み前にグループ面接の形で行われる。これに加えて経済社会系と文科系では理科の試験が行われる。第三学年の学年末である6月の最終試験では、共通科目の哲学、歴史・地理、第一現代語、第二現代語（外国語または地域言語）と、コースによって異なる科目を1科目受験する。

　先に述べたように、採点にあたるのは高校教員である。原則として、自分の属するアカデミー（大学区）とは異なるアカデミーの答案を採点することになっている。また、答案用紙に記入するのは受験番号だけであり、しかも答案用紙にあらかじめ糊がつけられていて、番号記入部分を折り返して糊

付けするため、採点時には答案の匿名性が保証されている。採点者は原則として一名である。教員一人あたりおよそ150枚の答案を採点することになっている。採点時間は1枚あたりおよそ15分と見積もられているので、最低でも40時間弱が採点に必要であると考えられる。

採点の開始時に、評価基準作成のため、複数人数である程度の数の答案を採点し、評価基準表を作成する。また、各採点者の採点結果の平均点を算出し、科目の平均よりもかなり低い場合には、当該採点者の採点結果を底上げする補正がなされることもある。ただしそれでも採点者ごとの評価の信頼性・妥当性には踏み込まない。そのため、採点者間のばらつきが存在することは否定できない。

しかし、公平性が問題にされることはそれほどない。なぜなら、採点者は全員が教員資格を持った高校教員であり、資格を持っているという事実は、彼らが正しく採点する能力を持っていることを証明している、と考えるのがフランス文化だからである。ひとたび資格を取得すれば、資格が保証する能力は生涯にわたり有効であるとフランス人は考える。もちろんそれが当てはまらない場合は大いにあるとしても、そのような前提のもとに、採点は行われる。

2021年、バカロレアと高校教育に関して大きな改革が行われた。著者の坂本尚志は、以下のように改革のねらいを要約している。

　　バカロレア試験は高等教育の準備としては不十分であり、
　しかも、最終試験がその成績の大部分を決めるという「試験
　一発勝負」に陥っている。そして、そうした「一発勝負」の
　制度は直前の詰め込み学習を助長するものであり、受験生た
　ちが高校やそれ以前から何を学んできたかということを正当
　に評価するものとはなっていない。

　このような問題意識に基づき、高校教育には大ナタが振る
われることとなった。まず、1993 年以来存続してきた経済社
会系、文科系、理科系のコース分けの廃止が決定された。そ
して、高校 2 年生、3 年生には全員必修の共通科目と各生徒
がそれぞれ興味関心や進路に応じて選択する専門科目が設け
られることとなった。

　現行（2020 年度以前）のバカロレア試験では、全体成績の
中で平常点が占める割合はスポーツの 5% だけである。他は
試験によって成績がつけられる。しかし新しい（2021 年実施
予定の）バカロレア試験では、試験は全体の 60% を占めるだ
けである。残りの 40% は高校での勉学の結果である平常点
が占めることになる。平常点の内容については、40% のうち
10% が高校 2、3 年の学内成績であり、残りの 30% 分が全国
共通試験の成績によるものである。

　全国共通試験は 2 年生の 1 月、4 月、3 年生の 12 月に実施
されることになっている。平常点の導入は、本来高校での生
徒の達成度を評価するための施策である。ところが実際に

は、3回の全国試験の結果が平常点の大半を占めており、いわば「試験一発勝負」が高校在学中に増えただけとも言えるのである。また、平常点の導入は、高校間格差がバカロレア試験の成績に影響してしまう可能性があると指摘されている。

スウェーデンの場合　（本所恵 著）

スウェーデンでは、シンプルな単線系の学校体系が整えられており、6歳から10年間の義務教育の後、20歳未満のすべての人に3年間の高校教育を受ける権利が保障されている。大学はその土台の上に、高校教育に接続して存在しており、高校修了生のうち約37%が卒業後3年以内に大学に進学する。

よく知られているのは、4年以上の勤労経験を持つ25歳以上の成人に大学入学基礎資格を与えた「25：4ルール（25：4regeln）」である。1977年の大学改革で正式に導入されたこのルールは、2008年に廃止されたものの、実施されていた30年の間に社会人入学の文化を根付かせた。同ルールとともに整備され利用されてきた「高等教育試験（högskole-provet）」は、社会人にとどまらず大学進学希望者全員が利用できる試験となって、25：4ルール廃止後も引き続き利用されている。

高校入学に際しては中学校の成績が用いられる。同様に、大学進学に際しては、高校での成績が必要になる。大学進学に関しては、全国共通の規定として、すべての大学・学部の入

学に必要な「基礎要件」がある他、一部の学部には、専門分野に応じた「特別要件」が設定されている。共通の修了試験や資格試験はなく、また、大学による差異もない。高校の進学系学科（他に職業系学科がある）の生徒は、高校を終了すれば、国内すべての大学や学部に適用する入学基礎要件が得られる。「特別要件」は、高校で履修する科目のうち、専門分野や学位に応じて指定される科目の修得である。基礎要件と同じく全国共通で、各大学・学部に決定権はない。たとえば、経済、認知科学、社会科学分野の学部への進学には、入学の特別要件として、高校での数学と社会科の修得が必要である。

　スウェーデンではすべての高校で、全国共通のシラバスによって、目標、主な内容、単位数が定められた科目が提供されている。そして、すべての教科には全国共通の評価基準があり、この評価基準に準拠して各科目の成績がA〜F（Fは不合格）の6段階でつけられる。高校教師がつけるこの成績が点数化されて、大学入学の選抜点となる。

　1991年からは高校修了の有無にかかわらず、誰もが高等教育試験の結果を大学進学の選抜資料として用いることができるようになった。高校卒業者は、選抜資料に高校の成績を使うか高等教育試験の結果を使うかを選択できる。高等教育試験は、毎年春と秋の2回、全国同日同時間帯に実施される。試験結果は5年間有効で、有効な試験結果の中の最高得点が選抜に用いられる。高等教育試験は、多肢選択型のマーク

シート方式で行われている。高等教育試験の試験結果は大学入学の選抜に利用されるが、試験の中身は選抜よりも、大学での学習への適性を測り、個人にとっては大学での学習の準備となることが、そして社会にとっては多様な属性を持つ人の大学進学を実現せさることが重視されてきたのである。

イギリスの場合 （二宮衆一 著）

　大学進学を希望する生徒は、希望する大学に願書を提出する。願書には、志望する専攻、GCSE（中等教育修了資格試験）の結果、自己評価欄、内申書（志望者の学習状況、志望する専攻への動機や関心、社会的活動、部活動など）を記述する。5月から始まるAレベル（一般教育修了上級レベル）試験の前に、志願者は大学から選考結果を受け取るが、その選考結果は、いわば個々の志願者に対する入学のための条件提示と言える。選考結果には「無条件合格（unconditional offer）」「条件付き合格（conditional offer）」「不合格（unsuccessful あるいは withdrawn）」がある。「条件付き合格」とは、Aレベルの結果が、大学の提示した条件を満たしていれば、入学を許可するというものである。

　選抜や順位づけを目的とした日本の大学入試では、「知っておく価値がある」かもしれない細かな事実的知識を問うことで、受験者の学力を評価しようとする傾向がある。それに対して、イギリスのAレベルで評価しようとしているのは、

たとえば「歴史」では、受験生の歴史解釈の質であり、それを支える歴史的な知識・概念の理解や資料の解釈・評価といった能力があるかどうかである。

　そのような評価を目的とした論述試験では、評価の信頼性の確保が課題となる。Aレベルの採点では「標準化（standardisation）」と「調整（moderation）」という２つの方法で、採点の信頼性を確保する試みがなされている。採点を行うのは、現役の教師あるいは退職した教師である。そうした教師たちは、試験機関に「試験官（examiner）」として雇用され、採点を行う。

　「標準化」とは、試験官の採点にばらつきが生じないように、試験官の採点基準をそろえる方法である。イギリス政府は、2017年に各試験機関に対して、「標準化」の具体的な手法として、次の２つを示している。１つめは、「seed item」と呼ばれている手法である。まず試験問題の中からいくつかの問題を選び出し、熟練の試験官が事前に採点を行う。それらの問題と採点結果を「seed item」とし、それらについてすべての試験官の採点結果を検証することで、採点基準についての理解を確認するのである。もう１つは、試験官が採点した解答のいくつかを選び、それを熟練の試験官がチェックするという手法である。こうした「標準化」のプロセスの中で、採点結果に許容できないほどの差異がある場合には、その試験官の採点は止められ、採点基準についての指導がなさ

れ、再採点が行われることになる。

　「採点基準（mark scheme）」の例を挙げよう。たとえば、25点満点中1-5点と評価される最も評価が低い答案についての基準は、「問題が適切に理解されていない。解答も構造化されておらず、コミュニケーションスキルにも不十分さがうかがえる。使われている情報は、無関係または極端に限られており、根拠がなく、曖昧で一般的な主張がなされている」。このような基準であるから、一つの答案の評価に、ある程度の幅が生じることは防ぎえない。

　「調整」という方法は、コースワークと呼ばれる「non-exam assessment（試験によらない評価）」の採点の信頼性を確保するために用いられる。コースワークとは、教師の支援のもと学校での学習活動において志願者が自ら作成したレポートや作品を評価対象とするものであり、その採点は自校の教師が担う。

　各学校は、志願者の作品に採点結果と採点理由を添えて、試験機関に送付する。それらは、試験機関に雇われたモデレーター（調整官）によって確認される。これが「調整」である。モデレーターは、送られてきた作品と採点結果、採点理由を点検する。そして、その結果を各学校に知らせる。「調整」によって、問題がないと判断された場合には、教師たちの採点結果が成績となる。もし問題がある、たとえば採点結果に一貫性がない、あるいは正確でないと判断された場

合には、採点のやり直しなどが命じられる。ある調査によると、Ａレベルの採点を行う経験は、教師にとって自らの教師としての専門性を深めることにつながると見なされているようである。

　以上、『変動する大学入試』を参考にして見てきたように、ヨーロッパの上記の国々では、日本と同様、大学進学希望者の増加に伴って、近年制度改革を余儀なくされた。しかし、改革の試みの中で高校教員の役割がまったく考慮されない日本と違って、ヨーロッパ諸国の改革では、高大接続における高校教師の役割は、増加しこそすれ減少することはなかった。高大接続に高校教師が関与する利点として、次のような事項が挙げられている。

① 　受験生を教えている教師たちが関わることによって、試験問題が現在の中等教育学校での授業や生徒たちに合っているかどうかが検討できるようになる（オランダの場合）。
② 　教員が口述試験の作成主体になることで、授業での重点を確認でき、教員の指導の裁量をある程度残すことができると考えられている（オーストリアの場合）。
③ 　Ａレベルの採点を行う経験は、教師にとって自らの教師としての専門性を深めることにつながると見なされて

いるようである（イギリスの場合）。

　①と②は、修了資格認定試験に高校教員が関与することによって、修了資格認定試験の内容が高校で教えている内容と食い違うことを防ぐことができると指摘している。③は、認定試験に関わることは、高校教員自身の能力向上につながるとの指摘である。

　本書第4節に書いたように、2021年実施を目標に文部科学省によって構想された入試改革は、当初の主要な意図が実現されず頓挫した。頓挫、つまり制度改革の見送りの主な理由は、記述式試験では採点の公平性を保障できないという判断である。しかし、筆者は「公平性」云々の前に、そもそも日本の現状では採点業務の遂行が不可能なのではないかと思う。大学教員のみが記述あるいは論述試験の採点に時間を取られていたら、本務の大学教育に支障が生じるだろう。

　ヨーロッパの国々では、入学試験ではなく中等教育修了資格認定試験であることから、試験業務に高校教員を関与させることが可能であった。上記の利点①～③には挙げられていないが、問題作成や評価（採点）に高校教員が加わることによって、大学はそのような業務から半ば開放される。それはいわば大学の本音なので、大っぴらに言うことはないが、もし高校教員が作問と評価から手を引くなどと言いだしたら、大学は大いに慌てるだろう。つまり、大学にとっても高校教員

の関与は、高大接続にとっては欠かせない要件なのである。

　大学の本音を別にしても、公平性をある程度犠牲にしてで
も、高校教員の関与を維持するのは、利点の①と②にあるよ
うに、高校教育から大学教育の接続には、それが欠かせない
と考えられるからである。高校教育と大学教育の乖離を当然
とし、むしろ好ましい状況であると言ってはばからない教育
学者もおられるが（本書第6節、参照）、筆者自身は、高校
教育と大学教育の間に大きな乖離があってはならないと考え
ている。そして、乖離の解消のためには、高校教員が作問や
評価に携わる体制が必要である。

　しかしながら、大勢の高校教員が評価に関わると、評価の
公平性の確保が課題となる。『変動する大学入試』の中では、
特にイギリスの場合の公平性の確保の方法が詳しく述べられ
ている。

　それを読むと、イギリスにおいても、評価の公平性の確保は
決して容易なものではないことがわかる。評価の問題に百点満
点の解答はない。未解決の課題を認識しつつも記述式、論述式
の試験を行うのは、教育の本来の目的を重視するからである。
評価方法に課題があるから、教育の本来の目的に目をつぶって
多肢選択式の試験を続ける日本の教育行政は、物事を脱文脈化
して、たとえば問題文の著者の考えはこれだと一つを選ばせ
る、多肢選択式試験の発想と同一線上にあるように思える。

　共通1次試験の実施以来40年以上が経過し、その間に日

本人の、特に受験エリートの発想方法そのものが、多肢選択的思考法に傾斜しているとしたら、憂うべき事態である。

19 記述式問題の導入は実現するか

　本書の目的は、2021 年度から大学入学者選抜のためのテストに記述式問題を導入する計画が、見送られたことの背景を探ることである。見送られた主な理由の一つは、記述式問題の採点方法に目途が立たないということである。その点をもう少し詳しく追ってみよう。

　当時の文部科学大臣・萩生田光一は、2019 年 12 月 17 日の記者会見で、2021 年 1 月実施の大学入学共通テストにおいて、記述式問題の導入は行わないと述べた（web 資料 19-1）。

　見送りの理由としては、次の 3 項目が挙げられている（Web 資料 19-2）。

① 採点業務の事業者においては必要な採点者確保の目途が立っているものの、試験等による選抜、研修を経て実際の採点者が決まるのは来年（2020 年）の秋から冬になる。

② 採点の精度については、さまざまな工夫を行うことにより、試行調査の段階から更なる改善を図ることはできると考えられるが、採点ミスをゼロにすることまでは期待できず採点ミスの可能性は依然として残る。

③ 自己採点との不一致を一定程度改善できる方策は検討
したものの、大幅に改善することは困難である。

このうち②と③の採点ミスや自己採点との不一致を完璧に
なくすのは不可能なことだから、これらを実施見送りの理由
として挙げるとなると、記述式問題の導入は最初から絵に描
いた餅だったことになる。実施するためには、ある程度のミ
スや不一致を許容しても、記述式問題の導入には教育的意義
があるという政治判断が必要だろう。

Web資料19-2によると、記述式問題の採点の方法として
は、前節で見たイギリスやフランスの制度同様に周到な手順
が、実は想定されていた（図10）。まず一次採点者二人が採
点した結果を第3の採点者が確認し、一次採点者二人の採点
が一致していたら「品質管理専門チーム」に渡す。そこで
は、解答の類型などの観点から採点結果をチェックし、最終
の採点結果として公表する。一次採点者二人の採点が一致し
なければ、その答案は上位採点者（採点リーダー）の検討に
回される。

さらに、採点リーダーと一次採点者との間でどうしても合
意が成立しなければ、統括採点リーダーに回される。それで
も検討が必要な場合は、大学入試センターの採点責任者の協
議となる（図10参照）。最後の段階は大学入試センターが担
うが、それまでの段階は、図10に明記はされていないが、
大学入試センターから採点を委託された委託事業者が行うよ

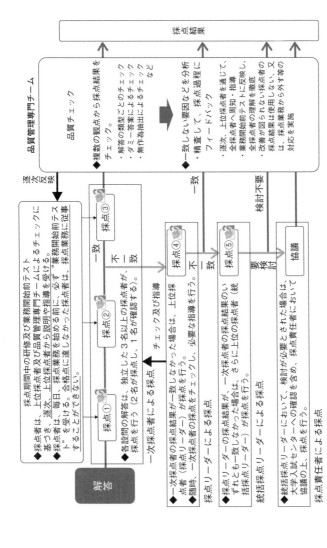

図10　想定されていた記述式問題採点の手順（web 資料 19-2 より）

うである。上に書いた見送りの理由の①は、委託事業者は採
点業務に必要な人員の充足が完了するのは 2020 年秋の見込
みとして請負っているが、それを 100% 信じて 2021 年の実施
に踏み込むことはできないという判断だろう。

　2021 年に実施が予定されていた記述式問題の大学入学共通
テストへの導入の案は、2014 年 12 月に出た中教審答申「新
しい時代にふさわしい高大接続の実現に向けた高等学校教
育、大学教育、大学入学者選抜の一体的改革について～すべ
ての若者が夢や目標を芽吹かせ、未来に花開かせるために
～」(以下、答申 (2014)) が発端だと言われる。

　答申 (2014) には、新テストの解答方式として「高等学校
基礎学力テスト (仮称)」は「多肢選択方式が原則だが記述
式導入を目指す」とあり、「大学入学希望者学力評価テスト
(仮称)」には「多肢選択方式だけではなく記述式を導入」と
記されている。しかし、採点方法についての言及はない。

　答申 (2014) の提言後に、提言内容を具体化するために、
「高大接続システム改革会議」が設立され、その最終報告が
2016 年 3 月 31 日に公表された。ここでも新テストに記述式
の問題を導入すると繰り返し書かれている。しかし、採点方
法については「記述式問題の導入に当たっては、作問・採
点・実施方法等について乗り越えるべき課題も存在している
ことから、今後、記述式導入の具体化に向けて、以下のよう
な論点ごとに実証的・専門的な検討を丁寧に進める」とあ

り、「民間事業者等を活用して実施することも考えられる」
「採点方法・体制については、今後、（中略）、技術開発の可
能性や人的・時間的・財政的コストも勘案しながら、更に実
証的・専門的な検討を行う」と、採点方法の具体化は先送り
されている。以上が、記述式問題導入に関する 2016 年 3 月
の状況である。

　その後、さまざまな検討がされたはずだが、結局、採点方
法とそのための体制については、「高大接続システム改革会
議」が可能な方策として挙げた「民間事業者を活用」が進め
られたようである。しかし、民間事業者において体制作りが
間に合わず、2019 年 12 月の文部科学大臣の記者会見に至っ
た。

　大臣は、「大学入試センターによりますと、まず、採点体
制については、採点事業者としては、示された採点期日まで
に採点を完了するために必要な質の高い採点者を確保できる
目途は立っているということであります。

　一方で、実際の採点者は、採点事業者において、適正な試
験等により選抜し、更に必要な研修を行うという慎重なプロ
セスを経て適任者を得ることとしております。このため実際
の採点者が決まるのは来年の秋から冬になるということであ
りました」と述べている（Web 資料 1）。

　婉曲な言い回しを用いて、巧妙に見送りの責任を民間事業
者に押し付けている。文部科学省なり大学入試センターなり

が採点者を揃えて、これらの人材を使って採点業務をしてく
ださいと委嘱したのではなく、自らは採点についての人的資
源を確保しないまま、採点業務を丸投げしてしまった。前節
で見たように、ヨーロッパ諸国が高校教員という手持ちの人
材を活用して採点業務に当たらせるのとは違った安易な丸投
げ方式で乗り切ろうとしたところに、計画の杜撰さが露呈し
ている。

　図 10 を含む Web 資料 19-2 は、2019 年 12 月 17 日、すな
わち上記の文部科学大臣の記述式問題導入見送り決定の記者
会見後に設立された「大学入試のあり方に関する検討会議」
が、2021 年 7 月 18 日に提出した報告書に添付されている
(Web 資料 19-3)。(ただし、報告の中に図 10「採点プロセス
のイメージ」についての言及はないため、このイメージがど
の段階で検討されたのかは不明)。

　この報告書には、筆者から見て重要と思われる指摘がされ
ている。「6. 高等学校・大学における教育の充実」の冒頭部
分で、「思考力・判断力・表現力等の一層の育成については、
大学入学者選抜の改善とともに、高等学校教育・大学教育の
改善を併せて進めていく必要がある」と述べ、「(1) 高等学
校における教育の充実」で「日常的な学習活動や定期考査等
で文章を書かせるなど、論理的に説明する力を高める指導を
充実させることが重要である」と書いている。

　筆者が検索する限り、公的な報告書や提言の中で、高等学

校での文章指導の重要性にふれている、唯一の文章である。
大学入試での記述式問題導入を急いだものの、なし得なかっ
たという経験から、高校教育で文章教育をしていくことの重
要性に気付いたというところだろう。

　上記に続いて、「(2) 高大連携プログラムの充実」では、
「大学においては、新入生が基礎的な読解力や論述力を十分
に身に付けないまま入学していることから、初年次教育等に
苦慮している例が見られる。大学におけるレポートや論文作
成には、様々な資料を読み、論理的に自分の考えを組み立
て、根拠付けて述べる力が必要であるが、高等学校との間で
そうした能力の重要性について必ずしも十分に共有されてい
ないため、高等学校と大学との対話の中で、必要となる能力
や指導のすり合わせを図り共通認識を持つべきとの指摘が
あった」と述べ、「大学入学者選抜についての高等学校・大
学等関係者間の恒常的な協議体の設置」の必要性を提言し
た。大学と高校の連携が必要なことを認識した点は評価でき
るが、またしても記述式問題の採点についての検討は先送り
された。

　その後、上記の恒常的な協議体は、「大学入学者選抜協議
会」の名で設立された（Web 資料4）。しかしながら、協議
会の協議事項として挙げられているのは「(1) 大学入学者選
抜の実施方法に関する事項、(2) 大学入学共通テストに関す
る事項、(3) その他、大学入学者選抜に関する事項」の３項

目である。

　この協議事項の選択から、協議会は検討課題を入学者選抜にしぼっているのではないかという疑念が湧く。「大学入試のあり方に関する検討会議」が指摘した「高等学校と大学との対話の中で、必要となる能力や指導のすり合わせを図り共通認識を持つべき」という高校教育から大学教育への接続は、検討の主題ではないようである。答申（2014）では、その表題に「高等学校教育、大学教育、大学入学者選抜の一体的改革」とあり、高大接続を課題とする意図が見受けられたが、大学入学者選抜協議会に至って、その問題意識は雲散霧消したような印象を受ける。記述式問題の導入からは遠ざかったのではないだろうか。

20 大学一般選抜試験の記述式問題

　大学入学共通テストでなくても各大学の個別入試で記述式問題を出せばよい、現に多くの大学一般選抜でそうしている、という意見がある。では個別入試にどの程度、記述式の問題が出題されているだろうか。「大学入試のあり方に関する検討会議　提言」（Web 資料 1：以下、「あり方会議の提言」）は、全大学を対象に、2020 年度大学入学者選抜の実態調査を行った。次のような集計結果を公表している。

・全体（全教科）で国立の 99.5%、公立の 98.7% のテストが何らかの記述式問題を出題していると回答しており、全体の枝問数に占める記述式問題の割合は国公立で 78.6%（国立 81.6%、公立 70.0%）であった。また、全体の枝問数に占める具体的な出題形態は、短答式・穴埋め式が国公立で 47.1%（国立 49.0%、公立 41.7%）、短文や長文・小論文、図表・グラフ・絵、英文和訳・和文英訳の合計が国公立で 31.5%（国立 32.6%、公立 28.3%）であった。

・私立大学では、一般入試全体（全教科）では 54.1% のテストが記述式問題を出題しており、全体の枝問数に占める記述式問題の割合は 25.3% であった。また、全体の枝問数に占める具体的な出題形態は、短答式・穴埋め式が 21.1% であり、短文・長文・小論文、図表・グラフ・絵、英文和訳・和文英訳の合計が 4.2% であった。

　国公立の場合、短答式・穴埋め式がほぼ半数を占める。「短文・長文・小論文」それぞれの割合を知りたいところだが、それらは「図表、グラフ、絵、英文和訳、和文英訳」と一括りにされているため、国公立では 31.5% 以下、私立では 4.2% 以下としか言えない。

　宮本・倉元（2020）は、国立大学 82 校の 2015 年度の一般入試で出題された問題を分析した。解答形式が上記の「あり方会議の提言」よりもきめ細かく分類されている。全大学の教科・科目ごとの出題数合計の集計結果によると、「客観式（多肢選択等）」は 8.9%、記述式は 91.1%、記述式の内訳は、「穴埋め・短答式」が 50.0%、「80 字以下」が 8.7%、「80 字以上」が 4.5%、その他（英語の和訳・英訳、数式、作図等、自分の意見を述べる概ね 100 字以上の「小論文」）が 27.9% である。客観式問題が少ないのが目立つ。

　作題の経験のある人にはすぐにわかることだが、多肢選択問題は、正解以外にそれらしい語句を揃える必要があるため、新たな問題を作るのには大変手間がかかる。個別入試で客観式問題の出題が少ないのは、そういう作題側の事情を反映していると考えられる。この調査を有意義なものにしているのは、「80 字以上」の問題数を集計しているところだ。全体の問題数のわずか 4.5% だが、穴埋め式 1 題より、「80 字以上」1 題の方が配点は大きいだろう。受験生への影響力は、4.5% という数値より大きいものがあるだろうが、それにして

も出題割合は小さい。

　ところが、宮本・倉元（2020）は、調査結果を基とした結論として「あたかも国立大学の一般個別学力検査では記述式問題があまり出題されていないかのような認識の下に現状の大学入試の問題点やあり方を議論するのは実態から乖離しているといえよう」と述べている。著者らの定義によると客観式問題以外はすべて記述式問題である。そのためにこのような「結論」が導かれるのだろう。

　しかしながら、受験生の思考力や表現力を評価するための出題の有無を云々する上で注目すべきは、「80字以上」の問題の出題率だ。これが4.5%という調査結果から判断すると、やはり「国立大学一般個別学力検査では記述式問題があまり出題されていない」が、正しい現状認識と言わざるをえない。

　宮本・倉元（2020）によると、「日本史」の試験は80字以下の記述が17.7%、80字以上が13.4%と、他の多くの科目にくらべて文章で答える記述問題の出題割合が高い。Web資料3-1によって宮本・倉元（2020）が調査した2015年度に出題された「日本史」の問題を閲覧した。2015年度の東京大学文科の日本史は、全8問のすべてが1〜5行で答えることを求めている。一方、同年度の京都大学の日本史は全20問がすべて短答式あるいは穴埋め式問題だった。大阪大学文学部の「日本史」の問題は東大より徹底していて、4題すべてが200

字程度で答えることを要求している。

　ある程度まとまった字数の文章で答える問題が、個別入試において一般的になれば、高校でもその対策を講じるだろう。しかし、今のところ、ごく一部の大学の一部の学部に限られているため、東大を目指す受験生を集めて指導する予備校などは別にして、初等中等教育で文章教育が意識的に行われるようにはならないだろうし、現にそうはなっていない。むしろ、上に述べた現状は、学校の勉強だけでは受験に対応できず、予備校や進学塾通いを強いられる結果になる恐れさえある。

21 再考「高大教育の乖離」

　第6節に書いたように、高校教育と大学教育とは別物であって、両者は乖離しているとしばしば言われる。荒井（2020）は、両者が「別物」であると主張する根拠として、学校教育法の次の4か条を挙げている。

　　第二十九条　小学校は、心身の発達に応じて、義務教育として行われる普通教育のうち基礎的なものを施すことを目的とする。
　　第四十五条　中学校は、小学校における教育の基礎の上に、心身の発達に応じて、義務教育として行われる普通教育を施すことを目的とする。
　　第五十条　高等学校は、中学校における教育の基礎の上に、心身の発達及び進路に応じて、高度な普通教育及び専門教育を施すことを目的とする。
　　第八十三条　大学は、学術の中心として、広く知識を授けるとともに、深く専門の学芸を教授研究し、知的、道徳的及び応用的能力を展開させることを目的とする。

　中学校と高等学校に関しては、第四十五条と第五十条に、それぞれ前段階における学校教育の基礎の上に応じてと書かれているが、第八十三条に、「大学は高等学校における教育

の基礎の上に…」とは書かれていないから、大学は小・中・高校とは違うのだと言いたいらしい。この法律は戦後の学制改革に伴って昭和 22 年（1947 年）に成立した。Web で閲覧できる大学進学率の最も古い統計は 1954 年で、7.9% だった（Web 資料 21-1 による）。

　その後、進学率は増加を続け、2014 年に 50% を突破した。その間、受験生の急増に対処するために、大学入試にマークシートを導入するという最も安易な解決策を取った結果として、今日の高大接続に関する諸問題がある。そういう経緯を無視して、今日とはまったく異なる状況のもとに成立した法律を根拠に、高校教育と大学教育は異質であると主張し、それを前提として高大接続を考えようとするのは、初めからボタンを掛け違えているのではないかと思う。

　仮に歴史的状況を無視して、牽強付会して学校教育法を根拠法にしたとしても、同法第九十条に次の条文がある。

　　　第九十条　大学に入学することのできる者は、高等学校若しくは中等教育学校を卒業した者若しくは通常の課程による十二年の学校教育を修了した者（通常の課程以外の課程によりこれに相当する学校教育を修了した者を含む。）又は文部科学大臣の定めるところにより、これと同等以上の学力があると認められた者とする。

　ここに、大学に入学することができる者は、中等教育を卒
業もしくは修了した者であると明記されている。この条文
は、高校教育が大学生の学力の基礎を保証することを求めて
いる。

　荒井（2020）は、高校教育と大学教育をつなぐツールと
してのセンター試験の位置づけを示す概念図を描いた（図
11）。荒井（2020）の251ページにある著者の解説を読むと、
大学に所属する専門家が、おのおのの専門分野と高校の学習
指導要領を照らし合わせて、センター試験のために作問をす
る状況を、このような図で表現しようとしたことがわかる。
しかし、このような図が一旦示されると、「円錐交差モデル」
という名称まで与えられて（大塚、2020）、荒井氏以外の人
によって、次の例のように無批判に図が用いられる。

・そのことを図式化した荒井の「円錐交差モデル」が、高大接
　続のあり方を的確に表してくれている。大学教育は、高校教
　育の延長上にあるものではなく、高校教育の上に大学や学部
　のそれぞれが独自の方向性をもって発展していくものである
　（大塚、2020）。
・図のように、高校教育と大学教育は、異質であるということ
　で交叉しています。（山村、2022）。

　これらの文脈では、高大の乖離は既定の事実となってい
る。図11は高大教育の不連続性を示しているようだが、仔
細に見ると何を意味しているかがわからない。第一に、円

柱ではなく、円錐形である必要性は何か。第二に、円錐の断面は何を意味しているか。第三に、円錐の軸、あるいは図の上下方向は何を意味するか。円錐の断面は複数の教科・科目の束を表しているのだろうか。あるいはそれぞれに関わっている人を表しているのか。おそらく図の作者にしかわからないだろうから、ここで思案していても無駄だろう。

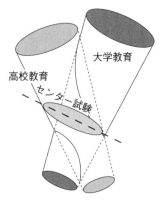

図11 荒井（2020）によるセンター試験のイメージ

　荒井（2020）の本文から、図の意図として読み取れるのは、センター試験の問題を作題するにあたって、大学の先生たちが好きに作っているのではなく、高校の学習指導要領から逸脱しないよう最大限の努力をしているということのみである。この図は高校教育と大学教育が別物であると主張するときの根拠にはなり得ないのだが、この図が示す高校教育と大学教育との極めて不明瞭な関係を、「乖離」という言葉に集約し、それが事実であると見なしている。いわば、論証の最後に結論のまとめとして提示すべき図を、論証の出発点にもってきて議論を始めるようなものである。

さらに、荒井（2020）は、次のように述べる。

　　高大接続とは互いに異質な教育課程を結びつけるプロセス
　である。だが、高大接続の役割はそれにとどまるものではな
　い。異質な教育課程の接合は新しい知的刺激を生み、新しい
　学びを発見させる好機である。学びの可能性を知ることこそ
　高大接続の本旨であろう。（中略）
　　幼稚園から大学まで「同質の教育目標」で貫くことなどつ
　まらない話である。高校教育の延長にある大学教育などに、
　高校生は魅力を感じるだろうか。異質な教育課程との接触、
　異質な文化の衝突こそが刺激と閃きをもたらす。

　高大それぞれの教育が異質であることを、異文化との接触
になぞらえることによって、意味を見いだそうとしているよ
うである。異文化間の接触の場合は、互いに自分とは違った
考えや習慣に触れ、真摯に学ぶことによって、自分を見直す
きっかけになるところに意味がある。荒井（2020）は、上に
引用したように「高校教育の延長にある大学教育などに、高
校生は魅力を感じるだろうか」と言い切っている。そのよう
な高校教育から、大学は何を学ぶというのだろうか。

　筆者自身、高大の乖離がまったくないとは思っていない。
しかし、それは、第11節に述べたように、理想の大学教育
と現実の高校教育との間の乖離である。多くの大学の先生方
は、自分が考える理想の講義をしようとしても、それに付い
てこられるだけの学力を学生が高校生時代に養っていない

（だから、大学でまともな授業ができない）と感じているようである。つまり、大学には努力すれば理想の講義をする余地が残っているが、現実の高校教育は入試でがんじがらめになっていて、生徒は、大学入学後に必要となる能力を高校時代に身に付けることができないという解釈である。それは、まったくの間違いではないだろう。

　ただし、だからと言って、荒井（2020）のように、乖離していることを前提にして大学入試を考えるのではなく、「乖離」を教育的課題として、解消にもっていくよう努力するべきである。その上で、どのような大学入試が可能かを考えれば、実りが期待できる。

　第20節に触れた「あり方会議報告書」は冒頭に、記述式問題の意義・必要性として、7つの項目を挙げている。その筆頭にあるのは、次の一文である。

　　「自らの考えを論理的・創造的に形成する思考・判断の能力」や「思考・判断した過程や結果を的確に、更には効果的に表現する能力」は、大多数の大学において、入学後、専門分野を学んでいく上で必要であり、高等学校教育においてもその育成が重視されている。

　大学で要求される「思考力・判断力・表現力」は、高等学校教育においても育成されなければならないと明記されている。これこそ高大接続の肝所だろう。

22　学習を楽しむとは
―「終わり」にかえて ―

　本書で筆者は、2019 年 12 月 7 日の萩生田文部科学大臣（当時）の記者会見によって、予定されていた大学入学共通テストへの記述式問題導入の中止が公表されたときに感じた、大げさに言えば「萩生田ショック」を火種として、記述式問題導入についてあれこれと考えてきた。きっかけは大学入試だが、筆者の主な関心は大学入試の問題形式ではなく、初等・中等教育、特に高等学校教育の在り方にある。前者が後者に大きな影響を与えているために、前者について考えざるを得ないのである。大学入学共通テストに記述式問題が出題されれば、初等・中等教育改革の一つのきっかけになるかと思うので、ここまでその可能性を探ってきた。「共通テストに記述式問題を出題」はゴールではないが、一里塚ではある。

　細尾（2022）は、自らが大学の受験生だったときから持っていた問題意識として次の 3 つの疑問を挙げている。要点のみを記す。「塾に行って高校の勉強とは違う、大学受験のための勉強をしなければならないのはなぜか」「教科書の隅っこを覚えることが何のためになるのか」「もっと希望のもて

る大学入試にならないのか」である。著者はフランスのバカロレア試験、特に論述形式の試験とその準備のための教育に、これらの素朴な疑問に対する答えを見いだそうとしているようである。

　細尾（2022）の問題意識は筆者の問題意識でもある。一言で言えば、「初等・中等教育の勉強はもっと楽しくできるものにならないか」である。第３節に、学力の３要素について書いた。「①基礎的な知識及び技能、②思考力・判断力・表現力等の能力、③主体的に学習に取り組む態度」の３項目である。前述のように、2007年の改正学校教育法がその初出らしいが、その後、学習指導要領を始めとして、ほとんどの教育関係の文書にこれが挙げられている。

　しかし、よくよく吟味すれば、学習者にとって大事な楽しんで学ぶ、あるいは学ぶことを楽しむという要素が欠けているように思える。③がそれに当たると言う人もいるかもしれないが、「もっと、主体的にやりなさい！」と、主体的に取り組むことを押し付けられるのはどうもいただけない。また、「態度」というのは表面的なこともあるので、筆者自身は好んで使いたい表現ではない。たとえば、③の代わりに「自らすすんで学習を楽しむ力」とでもすればよいかと思う。知的な活動を楽しむことができれば、「生きる力」となるだろう。

　では、人はどういうときに学習を楽しいと感じることがで

きるのだろうか。「なかなか解けなかった数学の問題が解け
たとき」に喜びと達成感を感じるのは、多くの人が経験して
いるだろう。しかし、その喜びは、その場限りのものになり
がちで、日にちが経てばたいてい忘れ去られる。あのとき、
あの問題が解けて嬉しかったなぁと思い出すことは稀であ
る。反対に、生涯にわたって影響をのこす学習の喜びは、新
しい概念を知って理解することだと思う。新たな概念は、目
の前に新しい世界を開いてくれる。一度知れば、もうそれを
知らなかった以前の状態に戻ることは、ほぼ不可能である。

　『ルポ　誰が国語力を殺すのか』（石井光太 著）は、我が
国における国語力の危機的状況とその再生への努力を報告し
ている。著者は、その終章でヘレン・ケラーの自伝から次の
くだりを引用している。

　　すべてのものには名前があった。そして名前をひとつ知る
　たびに、新たな考えが浮かんでくる。家へ帰る途中、手で触
　れたものすべてが、いのちをもって震えているように思え
　た。（略）この記念すべき一日の終わりに、私はベッドに横
　になり、一日の出来事を思い返し喜びにひたっていた。明日
　が来るのが待ち遠しくてならない。こんなことは、はじめて
　だった。この時の私ほど幸せな子どもは、そう簡単には見つ
　からないだろう（『奇跡の人　ヘレン・ケラー自伝』小倉慶郎
　訳、p.328）

　新しい概念を知ることによって得られる喜びについて、これ以上に説得力のある描写は、ほかに見つからないだろう。

　第9節で、板倉聖宣氏の講演を紹介した。そこにも書いたが、氏は「最も感動的であるべき〈基礎概念の教育〉が決定的に欠落している」と述べた。彼のこの意見と、概念の獲得が学びのよろこびをもたらすという上の記述とを合わせて考えると、「学び」から「楽しさ」が欠落しているという状況に思い至る。第8節に述べたように、ある概念を正しく理解しているかどうかを確かめる最もよい方法は、それを表す語句を用いて文章を書いてみて、指導者に添削してもらうことである（第1節の上西充子氏のインタビュー記事参照）。そうした文章教育の機会は、実は、学びの楽しさと直結しているのである。

　第3節の最後に、バカロレア試験の準備は大変だったけれど楽しかった、というフランス人の述懐を紹介した。細尾（2022）が抱かざるを得なかった問題意識との違いの原因は、彼我の文章教育の違いにある、というのが本稿の結論である。この格差を埋めるために、当面やらなければならないこととして、筆者は第12節で「まず教員養成課程の科目で『文章指導法』を講じてもらって、それを修得して教員になった人が実地に児童・生徒を指導する。このような形で着実に『文章指導法』を定着させることによって、児童・生徒の思考力の育成を図ってもらいたい」と述べた。ここにもう一度

その要望を書いておく。

注

（注 3 の 1）ここでは「文」と「文章」を以下のように定義して区別する。
「文」は、通常主語と述語を含む一連の語群で、それ自体で一つの意味
を表出するもの。書き出しから句点までを一つの文とする。「文章」は、
互いに関連する文によって構成され、思想や感情、事実、物語等を表
現するもの。複数の段落によって構成されることが多い。

（注 4 の 1）中井（2008）において、筆者は論述問題と記述問題を明瞭に
区別しなかった。そのため、両者を混同して書いている部分がある。
本書第 3 節で、その区別をはっきりさせた。

（注 10 の 1）哲学が週 4 時間になったのは、2020 年度生から。それ以
前は文科系週 8 時間、経済社会系週 4 時間、理科系週 3 時間だった。
2020 年度の最終学年生から系による区別は廃止された。（大場淳、
2020）

（注 14 の 1）次のウェブサイトを参照。

〈https://eikaiwa.dmm.com/uknow/questions/27768/〉

参照文献

荒井克弘「大学と高校の連続と断絶 — リメディアル教育調査から —」、
広島大学大学教育センター、『大学教育と高校教育 — その連続と断絶 —
第 25 回（1996 年度）研究員集会の記録』、高等教育研究叢書 45、1997
年 9 月。

荒井克弘「高校と大学の接続 — ユニバーサル化の課題 —」『高等教育研
究　第 1 集』、pp.179-197、1998 年。

荒井克弘「高大接続改革の現在」、中村高康 編、『大学入試が分かる本』
岩波書店、pp.249-272、2020 年 9 月。

荒尾貞一「1998 年から 2018 年までの小学校、中学校、高等学校の『総合

的な学習の時間』学習指導要領のテキストマイニングによる分析」、北里大学教職課程センター教育研究4、2018年。

有本章『大学教育と高校教育 ― その連続と断絶 ― 第25回（1996年度）研究員集会の記録』、広島大学大学教育センター、高等教育研究叢書45、1997年9月。

アンナ・ツィマ『シブヤで目覚めて』河出書房新社、2021年4月。

石井光太『ルポ 誰が国語力を殺すのか』（株）文芸春秋、2022年7月。

石井光夫『中国における「書く力」の養成 ― 大学入試における作文問題を中心に』、東北大学高等教育開発推進センター・編『「書く力」を伸ばす ― 高大接続における取組と課題 ―』東北大学出版会、pp.159-185、2014年3月。

板倉聖宣『高校生と大学生の基礎学力』大学教育と高校教育 ― その連続と断絶 ― 第25回（1996年度）研究員集会の記録、高等教育研究叢書45、広島大学大学教育センター、1997年9月。

伊藤実歩子 編著『変動する大学入試 資格か選抜か ヨーロッパと日本』大修館書店、2020年9月。

上垣豊『バカロレア試験で問われる思考力・表現力の歴史的変遷 ― ディセルタシオンへの道程』、細尾萌子・夏目達也・大場淳・編著『フランスのバカロレアにみる 論述型大学入試に向けた思考力・表現力の育成』ミネルヴァ書房、pp.59-73、2020年12月。

大栗博司『探究する精神 職業としての基礎科学』幻冬舎新書、2021年3月。

大塚雄作『大学入試における共通試験実施に関わる諸問題 ― センター試験実施の経験から』中村高康 編、大学入試が分かる本、岩波書店、pp.191-214、2020年9月。

大場淳『第9章 高大接続改革の動向と課題』、細尾萌子・夏目達也・大場淳 編著『フランスのバカロレアにみる 論述型大学入試に向けた思考力・表現力の育成』ミネルヴァ書房、pp.177-193、2020年12月。

岡田晴恵『秘闘　私の「コロナ戦争」全記録』、新潮社、2021 年 12 月。

岡部恒治、戸瀬信之、西村和雄『分数ができない大学生 ― 21 世紀の日本が危ない』、東洋経済新報社、1999 年 6 月。

上出洋介『アクセプトされる論文の書きかた』丸善出版、2014 年 5 月。

黒岩祐治『灘中 奇跡の国語教室　橋本武の超スロー・リーディング』中公新書ラクレ、2011 年 8 月。

小柴昌俊『物理屋になりたかったんだよ ― ノーベル物理学賞への軌跡』、朝日選書、2002 年 12 月。

坂本尚志『バカロレア幸福論　フランスの高校生に学ぶ哲学的思考のレッスン』星海社、2018 年 2 月。

佐藤まどか『カフェ・デ・キリコ』講談社、2013 年 4 月。

齊藤祐『高校生のための論文指導 ― テーマの選定から論証の仕方まで ―』日本私学教育研究所紀要第 43 号、2008 年 3 月。

島田康行『高校・大学の双方で育てたい「書く力」』、東北大学高等教育開発推進センター編『「書く力」を伸ばす ― 高大接続における取組と課題 ―』東北大学出版会、pp.7-35、2014 年 3 月。

妹尾昌俊『「作文の添削は労働ではない」"自主的行為"扱いされる公立学校教師の理不尽』PRESIDENT Online、2022 年 1 月。
〈https://president.jp/articles/-/53725〉

中井浩一『「学力低下」論争と「ゆとり」教育を検証する』nippon.com、2012 年 3 月。

中井仁『センター試験と高校教育の質的変化』、『検証　共通 1 次・センター試験』、中井仁、伊藤卓 編、大学教育出版、pp.81-108、2008 年 3 月。

中村高康 編『大学入試がわかる本　改革を議論するための基礎知識』岩波書店、2020 年 9 月。

中村高康「これからの入試改革論議に必要なこと」、中村高康・編『大学入試が分かる本』、岩波書店、序章、2020 年 9 月。

浪川幸彦「腐った教授、腐った学生相手に奮戦す」、岡部恒治・戸瀬信之・西村和雄・編著『分数ができない大学生 ― 21 世紀の日本が危ない』東洋経済新報社、pp.145-169、1999 年 6 月。

広重徹『物理学史 I』、培風館、1968 年 3 月。

細尾萌子『フランスでは学力をどう評価してきたか　教養とコンピテンシーのあいだ』、ミネルヴァ書房、2017 年 2 月。

細尾萌子「論述型のバカロレア試験を介した高大接続のしくみ」、細尾萌子・夏目達也・大場淳・編著『フランスのバカロレアにみる　論述型大学入試に向けた思考力・表現力の育成』ミネルヴァ書房、pp.17-35, 2020 年 12 月 a 。

細尾萌子「現在（2019-2020 年度まで）のバカロレア試験で問われる思考力・表現力のフランス的特質」、細尾萌子・夏目達也・大場淳・編著『フランスのバカロレアにみる　論述型大学入試に向けた思考力・表現力の育成』ミネルヴァ書房、pp.37-57、2020 年 12 月 b 。

細尾萌子「書評会の議論のまとめ ―『フランスのバカロレアにみる論述型大学入試に向けた思考力・表現力の育成』―」、細尾萌子　編『大衆教育社会におけるフランスの高大接続』、広島大学高等教育研究開発センター、高等教育研究叢書 164、pp.3-8、2022 年 3 月。

宮部みゆき『名もなき毒』幻冬舎、2006 年 8 月。

宮本友弘・倉元直樹「国立大学の個別学力検査における記述式問題の出題状況の分析 ― 80 字以上の記述式問題に焦点を当てて ―」倉元直樹　編『大学入試センター試験から大学入学共通テストへ』金子書房、pp.151-161、2020 年 3 月。

八木宏美『違和感のイタリア　人文学的観察記』新曜社、2008 年 9 月。

山村滋「高大接続研究の観点からの論点提起 ―『フランスのバカロレアにみる論述型大学入試に向けた思考力・表現力の育成』を読む ―」細尾萌子　編著『大衆教育社会における高大接続』高等教育研究叢書 164、広島大学高等研究開発センター、2022 年 3 月。

山本麻子『ことばを鍛えるイギリスの学校　国語教育で何ができるか』岩波書店、2003 年 4 月。

山本麻子『ことばを使いこなすイギリスの社会』岩波書店、2006 年 10 月。

山本麻子『書く力が身につくイギリスの教育』岩波書店、2010 年 4 月。

渡辺雅子「思考と表現を錬磨するフランス語の「書く」教育 ― ディセルタシオン（フランス式小論文）に向けた段階的教育法」、細尾萌子・夏目達也・大場淳・編著『フランスのバカロレアにみる　論述型大学入試に向けた思考力・表現力の育成』ミネルヴァ書房、pp.99-110, 2020 年 12 月。

web 参照文献

Web 資料 3-1「大学入試問題　過去問データベース」

〈https://www.toshin-kakomon.com/〉

Web 資料 13-1「1 人当たり GDP ランキングの推移（1990 年・2000 年・2010 年・2020 年）／ 日本の地位は低下傾向」

〈https://finance-gfp.com/?p=4592〉

Web 資料 13-2「科学技術指標 2020（文部科学省）」

〈https://www.mext.go.jp/kaigisiryo/content/000070956.pdf〉

Web 資料 13-3「教育指標の国際比較平成 22 年版」

〈https://www.mext.go.jp/b_menu/toukei/data/kokusai/_icsFiles/afieldfile/2010/03/30/1292096_01.pdf〉

Web 資料 13-4「諸外国の教育統計」平成 31（2019）年版：文部科学省

〈https://www.mext.go.jp/b_menu/toukei/data/syogaikoku/_icsFiles/afieldfile/2019/08/30/1415074_0_1.pdf〉

Web 資料 13-5「教育制度への市民満足度ランキング」

〈https://theworldict.com/rankings/education-satisfaction/〉

Web 資料 13-6「「義務教育に関する意識調査」結果の速報について」（文

部科学省）

〈https://www.mext.go.jp/b_menu/shingi/chukyo/chukyo0/gijiroku/05072201/s002_2.pdf〉

Web 資料 19-1 「萩生田光一文部科学大臣記者会見録（令和元年 12 月 17 日）：文部科学省」〈 https://www.mext.go.jp/b_menu/daijin/detail/1423073_00001.htm〉

Web 資料 19-2 「大学入学者選抜関連基礎資料集第 2 分冊」

〈https://www.mext.go.jp/content/20210707-mxt_daigakuc02-000016687_3.pdf〉

Web 資料 19-3 「大学入試のあり方に関する検討会議　提言：文部科学省」

〈https://www.mext.go.jp/b_menu/shingi/chousa/koutou/103/toushin/mext_00862.html〉

Web 資料 19-4 「大学入学者選抜協議会の設置について：文部科学省」

〈https://www.mext.go.jp/b_menu/shingi/chousa/koutou/112/toushin/mext_01589.html〉

Web 資料 21-1 「大学進学率の推移」

https://statresearch.jp/school/university/students_5.html

イギリスの「ナショナルカリキュラム」と日本の「学習指導要領」
― 文章教育を主観点とする比較 ―

1　序

　日本では、1978年に始まった共通1次試験を皮切りに、センター試験（1990年〜2020年）を経て、現在実施されている大学入学共通テスト（2021年〜）に至るまで、多肢選択式のマークシートを用いた大学入試が実施されてきた。大学入学共通テストへの移行は、もとはといえば、「思考力」の育成を目指して、入試に記述式テストを導入しようとする試みだったのだが、蓋を開ければ、記述式テストの導入は完全に見送られた。

　本書第Ⅰ部の「『高大接続』について」は、記述式テスト導入が画餅に帰した原因と、その背景についての考察をまとめたものである。全22節のうち、第13節〜16節は、山本麻子氏の著作を基にイギリスの文章教育を紹介している（山本、2010）。日本から見ると、イギリスの初等・中等教育は、文章教育に大変熱心で、ほとんど教育の中核をなすといってもよいのではないかという印象がある。

　一方、日本では、初等・中等教育の文章教育がないがしろにされていると言ってよい状況であり、そのことが記述式テストによる大学入試が実現しなかった主な原因であると、本書第Ⅰ部で論じた。

　ここで言う文章教育とは、生徒 [注1の1] の学齢に応じて、適切な文字数の文章を書かせ、それを教師が評価あるいは添削して、必要があれば書き直させるという単純な過程を、初等・中等教育の全期間を通じて繰り返すことである。決して特別な教授法があるわけではないから、イギリスに限らず、日本においても教師および教育行政者の考え方次第で、明日からでも実施できる類のものである。しかし、現実に日本では実施されていない。その原因はどこにあるのか。これが、この第Ⅱ部で考えようとしている課題である。

　しかしながら、もう少し課題を具体的かつ限定的なものにしないと、問題が漠然としすぎて手の付けようがない。手掛かりとして筆者が選んだのは、日本の学習指導要領とイギリスのナショナルカリキュラムである。日本の初等・中等教育は、文部科学省が定める学習指導要領に沿って行われる。一方、イギリスには教育行政機関が定めるナショナルカリキュラムがあり、これに即して授業を行うことになっている。したがって、教育が教育行政機関が定める法的拘束力を持ったガイドラインに依拠して行われる点において、両国は共通している。それにもかかわらず現実の文章教育における彼我の相違はかなり大きい。その原因は学習指導要領とナショナルカリキュラムの文面そのものにあるのではないか。それを探ってみよう、というのが現時点における筆者の目論見である（本論では、ナショナルカリキュラムは英国のそれを指

す）。

　文章教育と並んで第Ⅰ部「『高大接続』について」で指摘
したのは、基礎概念の教育が欠けているという点である。ど
の分野であれ堅牢な議論を組み立てるには、一般に用いられ
る概念はもちろん、分野独自の専門的な概念（用語）を、正
確かつ厳密に用いなければならない。ところが、現行の日
本の教育では、概念の理解を深める説明も、正しく用いる
トレーニングもなおざりにされている（板倉、1997 年）。ナ
ショナルカリキュラムと学習指導要領を比較・精査するにあ
たって、両カリキュラムで基礎概念の教育がどのように扱わ
れているかについても気を配ろうと思う。

　本題に入るまえに、ナショナルカリキュラムと学習指導要
領の成立から今日までの経緯をごく簡単に概観しよう。

　ナショナルカリキュラムは 1988 年成立の教育改革法で規
定され、1989 年より教育現場に導入された。これによって、
義務教育段階のすべての公立学校は、ナショナルカリキュラ
ムに従って教育を行う義務を負うことになった。それまで
は、義務教育の教育内容は各学校および教師に委ねられてお
り、教育内容に関する共通のガイドラインと言えるものはな
かった。したがって、ナショナルカリキュラムの導入は、教
育政策の画期的な変更と言えるものだったが、その背景には
イギリス社会の経済的行き詰まりがあった。

　当時、イギリスの政権はサッチャー首相が率いる保守党政

権だった。その後、政権は 2005 年に労働党に移り、2010 年には再び保守党へと移った。ナショナルカリキュラムの策定や改訂は教育省が行っている。どちらの政権においてもその体制は維持された。

　学習指導要領は、学校教育法施行規則の規定を根拠に定められている。終戦後の公教育の指針として 1947 年に学習指導要領（試案）がまとめられた。この時点では法的拘束力はなかったが、1958 年に改定案が告示され、法的拘束力を持つと考えられた。その後、ほぼ 10 年ごとに改定が繰り返されている。文部科学省は「学習指導要領」本文のほかに、より詳細な内容をもつ「学習指導要領解説」を発行している。これには法的拘束力はないとされるが、実際は教科書検定の根拠としての影響力をもっている。

　次に、吉田（2005）を参照しつつ、ナショナルカリキュラム（NC）と学習指導要領（GS）の主な相違点をまとめておこう（本段落では、煩雑さを避けて前者を NC、後者を GS と略記する）。

① NC では、教科に中核教科（英語、数学、科学）と基礎教科（歴史、地理等。162 頁表 2-1 参照）の区別があり、中核教科のみに時間数の規定がある。GS には教科の区別、あるいは類別はなく、教科ごとに標準履修時間の規定がある。標準履修時間の多い少ないは、文科省が考える各教科の重要度を反映していると見られる。

② NC では、授業内容、すなわち何をどう教えるか、は学校にまかされている。各キーステージ（後述）の終わりにナショナルテストが実施される。その結果によって学校の教育レベルが評価される。日本では、小学校 6 年生と中学校 3 年生の全生徒を対象に全国学力・学習状況調査が実施されている。学校評価には使われないことになっているが、自治体間や学校間の競争が問題になったこともある。

③ イギリスには国定および検定教科書は存在しない。教師はそれぞれ NC に沿った授業を行うために、独自の教材を用意する必要がある^(注1の2)。日本では、検定教科書を使用して、GS に沿った教育を行うことが義務付けられている。

　上に述べたように、本論ではイギリスのナショナルカリキュラムと日本の学習指導要領の比較研究をしようとしている。検討に入る前に、同様の問題意識のもとに書かれた先行論文がないか、検索エンジンで調べたが、あいにく該当する論文は見当たらなかった。

　なお、本論では「The national curriculum in England Framework document December 2014」^(注1の3) を参照する。小学校と中学校の「学習指導要領」は平成 29 年告示版を、高等学校の「学習指導要領」は平成 30 年版を参照する。

2 「序文」の比較

まず、ナショナルカリキュラムと学習指導要領の「序文」を比較する。

2.1 ナショナルカリキュラムの「序文」

下記は、ナショナル・カリキュラムの構成（目次）である。各節の表題の和訳と、要点（丸括弧内）を記す。

1. 導入（本文書の構成がごく簡単に書かれている）。

2. スクールカリキュラム（すべての公立学校は、ナショナルカリキュラムに則して、それぞれ独自のカリキュラム（スクールカリキュラム）を作成し公開する義務がある旨の言明）。

3. ナショナルカリキュラム（ナショナルカリキュラムの法的権限がおよぶ範囲を明示。5歳から16歳までの学習の段階（キーステージ）についての説明（表2-1））。

4. インクルーシブ教育

5. 算数と数学

6. 言語と読み書き

7. 学習プログラムと到達目標（各教科についての概略の学習内容（Programme of study）と到達目標（Attainment target）。中

核教科（Core subjects）の英語、数学、科学については、おのおの 60 〜 90 頁が割かれている。基礎教科（Foundation subjects）についてはおのおの数ページの記述がある。基礎教科の教科名については表 2-1 を参照）。

　本論では、上記構成の 1 節〜 6 節（4 ページ〜 12 ページ）を「序文」、第 7 節（13 ページ〜 263 ページ）を「本文」と見なすことにする。

　表 2-1 に示すように、キーステージは 5 歳から 16 歳までの生徒を、年齢順に 4 段階に分ける。チェックマークは、ナショナルカリキュラムが指定する各キーステージごとの履修教科を示している。キーステージ 1 は、日本の小学校のおよそ 1 〜 2 学年、キーステージ 2 は 3 〜 6 学年に相当する。

　ナショナルカリキュラムでは、序文の中で「算数と数学」と「言語と読み書き」の、教育における重要な位置付けについて簡潔に述べている。

　「算数と数学」では、「教師は、生徒が数学の重要性を理解できるように、すべての科目で生徒の計算力と数学的推論を発展させなければならない」と、数学を学ぶ意味を理解するために、教科を横断した指導が必要なことを指摘している。（ナショナルカリキュラム 10 ページ参照。以下 NC p.10 のように記す）。

　第 5 節「言語と読み書き」は、「話し言葉」と「読み書き」

表 2-1　キーステージの学年割りと履修教科一覧

	Key stage 1	Key stage 2	Key stage 3	Key stage 4
Age	5 – 7	7 – 11	11 – 14	14 – 16
Year groups	1 – 2	3 – 6	7 – 9	10 – 11
Core subjects				
English	✓	✓	✓	✓
Mathematios	✓	✓	✓	✓
Science	✓	✓	✓	✓
Foundation subjects				
Art and design	✓	✓	✓	
Citizenship			✓	✓
Computing	✓	✓		✓
Design and technology	✓	✓	✓	
Languages[4]		✓	✓	
Geography	✓	✓	✓	
History	✓	✓	✓	
Music	✓	✓	✓	
Physical education	✓	✓	✓	✓

（ナショナルカリキュラム p.7 Figure 1 より）

の 2 小節から成る。1 番目の小節では、「英語はそれ自体が教科であると同時に教育媒体でもある」、そして「流暢な英語力は、あらゆる科目で成功するための重要な基盤である」とその教育全体における重要性を強調している。2 番目の小節は、本論の主題と深く関係するので、下に全文を和訳して記載する。

　教師は、生徒の知識の習得を支援するために、すべての科目で生徒の読み書きの能力を開発する必要があります。生徒は、流暢に読むこと、広い意味での散文（フィクションとノンフィクションの両方を含む）を理解することを教えられ、楽しみのために読むよう奨励されるべきです。学校は幅広い読書を促進するためにあらゆる努力をすべきです。図書館施設を提供し、家庭での読書に対する意欲的な期待をもたせる必要があります。生徒は、正確なスペルと句読点を使って長文を書くスタミナとスキルを養う必要があります。彼らは文法の正しい使い方を教えられるべきです。生徒は、これまでに教えられたことを基礎にして、ライティングの範囲と使用する文法の多様性を広げる必要があります。彼らが行うライティングには、語り、説明、記述[注2の1]、比較、要約、評価が含まれている必要があります：それらは、彼らが聞いたり読んだりしたことを、準備し、理解し、統合させるのに役立ちます。（NC p.11）

　この段落では、リーディングとライティングの学習目標が簡潔に述べられている。①すべての科目で読み書きの能力を開発する　②幅広い読書　③長文を書くためのスタミナとスキルを養う　④文法を正しく使う。これらの項目は、キーステージ1〜4の各段階で、形を少しずつ変えながら繰り返し述べられる。

　なお、本論では、ライティングを作文と訳するのは避けて、英語の読みをカタカナで表記することにした。引用文中

にあるように、科目としてのライティングは、語り、説明、記述、比較、要約、評価を含む総合的な科目と捉えられている。文を作るという作業、あるいは操作だけに限定されない科目であるため、「作文」という訳語は避けた。なお、ナショナルカリキュラムの第7節にはライティングの小項目として「composition」があり、これに「作文」の訳語を当てる。

2.2 学習指導要領の「序文」

学習指導要領の構成は以下の通りである。小・中・高等学校とも構成は同じである。

前文
第1章 総則
第2章 各教科
第3章 特別の教科 道徳
第4章 外国語活動
第5章 総合的な学習の時間
第6章 特別活動

ここでは「前文」と第1章「総則」を合わせて序文、第2章以下を本文と見なしてよいだろう。

2.2.1　前文

　「前文」は、最後の段落を除いて、小・中・高等学校共通である（ただし、「児童／生徒」の置き換えを除く）。最後の段落では、小学校の「ここに小学校学習指導要領を定める」が、中学校では「ここに中学校学習指導要領を定める」に、高等学校では「ここに高等学校学習指導要領を定める」とあるように、単に学校種別名の置き換えがあるだけである。前文では、筆者の関心事である文章教育についてはまったく触れられていない。「よりよい学校教育を通してよりよい社会を創るという理念」の実現を教育に期する旨が述べられている。

2.2.2　総則

　「第1章総則」は次の6節からなる。

　第1節　小学校教育の基本と教育課程の役割
　第2節　教育課程の編成
　第3節　教育課程の実施と学習評価
　第4節　児童の発達の支援
　第5節　学校運営上の留意事項
　第6節　道徳教育に関する配慮事項

　総則の内容は、小・中・高等学校ともほぼ同じである（ただし、学校種別および児童／生徒の置き換えを除く）。これ

らの節において文章教育に関係する記述は第3節の次の引用
部分のみである。

　　　国語科を要としつつ各教科等の特質に応じて，児童の言語
　　活動を充実すること。

具体的にどのように充実させるかは書かれていない。

2.3 「序文」の比較

ナショナル・カリキュラムには「算数と数学」および「言
語と読み書き」について、それらの教科の重要性が簡潔に述
べられており、公教育がなにに重点をおいているかについて
の明確なメッセージとなっている。特定の教科に偏っている
と見る向きもあるかもしれない。

　一方、学習指導要領の「序文」には、特定の教科を重要視
する視点はない。「人間として調和のとれた」や、「基礎的・
基本的な知識及び技能を確実に習得させ」等の漠然とした目
標設定が行われている。「基礎的・基本的な知識および技能」
とは、具体的には何を指すのか判然としない、という批判も
ありえるだろう。

2.4 追記「Inclusion」

ナショナル・カリキュラムの構成の「4. Inclusion」は、
本論の主題とは直接は関係しない。しかし、完全に見過ごす

には惜しい記述があるので、ここで紹介しておこう。同節の
最後の段落である。

　　英語が母国語ではない生徒がナショナルカリキュラムの授
　業に参加する能力は、英語によるコミュニケーション能力よ
　りも優れている可能性があります。教師は生徒の英語力を伸
　ばすために指導の機会を計画し、生徒がすべての科目に参加
　するために必要なサポートを提供するよう努めるべきです。
　（NC p.9）

　日本語が流暢に使えない生徒を前にすると、つい他のこと
に対する理解力も劣っているのではないかと思うのではない
だろうか。そのような前提に立って生徒に臨むことを戒めて
いる。

3 English と国語

　いよいよナショナル・カリキュラムと学習指導要領の本文の比較に入る。ナショナル・カリキュラムの第7節「学習プログラムと到達目標」には、中核教科の3教科と、基礎教科の9教科の学習内容が書かれている。まずは、中核カリキュラムの一つ「English」と学習指導要領の「国語」を比較検討する。

3.1　ナショナルカリキュラム英語の「目標」

　中核の3教科（英語、数学、科学）の節には、それぞれの冒頭に「Purpose of study」と「Aims」の2段落が置かれている。いずれも目標と訳すことができるが、文の内容を検討すると、「Purpose of study」は、なぜ学ぶ必要があるのかを論じ、「Aims」の方は何を学ぶかを論じていると言ってよいだろう。ここでは「Purpose of study」の和訳を紹介しよう。

　文中の丸括弧内の数字は、以下の議論に便利なように筆者が振った文番号である。

　Purpose of study
　（1）英語は教育と社会において、傑出した地位を占めてい

る。(2) 質の高い英語教育により、生徒は流暢に話したり書いたりできるようになり、自分の考えや感情を他の人に伝えることができる。(3) また、読んだり聞いたりすることで、他の人は彼らと対話することができる。(4) 特に読書を通じて、生徒は文化的、感情的、知的、社会的、精神的に成長する機会を得ることができる。(5) 特に文学はそのような発展において重要な役割を果たす。(6) 読書はまた、生徒が知識を獲得することと、すでに知っていることをさらに発展させることの両方を可能にする。(7) 社会の一員として十分に参加するには、言語のあらゆるスキルが不可欠である；(8) したがって、流暢かつ自信を持って話し、読み書きすることを学ばない生徒は事実上権利を剥奪されることになる。(NC p.14)

　冒頭の文番号 (1) で、社会に参加するには言語のスキルが必要であることが端的に述べられている。この段落は8つの文からなっているが、そのうちの (4)〜(6) の3つの文で読書が果たす役割が書かれている。中でも文学が重要な役割をもつことが明記されている。単に実用英語をマスターすれば事足りるという姿勢ではないことがうかがえる。

　上記は、全学年を通しての「English」の目標である。次に、キーステージごとに法律で定められた要件が記されているが、ひとまず学習指導要領の「国語」が目標とするものに注意を向けよう。

3.2 学習指導要領国語の「目標」

学習指導要領も、各教科の冒頭に学習の目標が書かれている。国語の目標として次の文が記されている。

1 目標

言葉による見方・考え方を働かせ、言語活動を通して、国語で正確に理解し適切に表現する資質・能力を次のとおり育成することを目指す。

(1) 日常生活に必要な国語について、その特質を理解し適切に使うことができるようにする。

(2) 日常生活における人との関わりの中で伝え合う力を高め、思考力や想像力を養う。

(3) 言葉がもつよさを認識するとともに、言語感覚を養い、国語の大切さを自覚し、国語を尊重してその能力の向上を図る態度を養う。

(小学校学習指導要領 p.28 より。以下、小学 p.28 と略記する)。

最初の文の「言葉による見方・考え方を働かせ」は、筆者には意味不明である（「見方・考え方」については第5節で改めて議論する）。また、最後の文の「言葉がもつよさを認識する」は、具体的に何を認識するのだろうか。このような疑問点があるが、それはさておきナショナルカリキュラムと学習指導要領の目標の一致するところを探すとすると、前者の (1)〜(3) と、後者の (1)〜(2) は、表現の違いはあるが、ほぼ同等のことを学習の目標として掲げていると言って

よいだろう。相違点として目に着くのは、学習指導要領「国語」の目標には読書、および文学についての言及がないことである。もちろん学習指導要領の中に読書がまったく取り上げられていないわけではない。上記の「1　目標」に続いて、2学年ごと（「第1学年及び第2学年」等）に記された「国語」の目標の中では、読書が取り上げられている。

とは言え、全学年通じての「国語」の目標の中で、読書が取り上げられていないことは、本来、国語教育の中で重視されるべき読書の扱いの軽さを表しているように思える。

中でも、文学の扱いは小・中学校の学習指導要領全体を見ても極めて希薄である。「文学」の文字が見いだせるのは、小学校の学習指導要領「国語」の節の最後の頁にある、「各学年で説明的な文章や文学的な文章などの文章の種類を調和的に取り扱うこと」という一文があるだけである。「調和的」というのは、ややもすると文学に偏りがちな国語教師をけん制している、というのは、うがち過ぎだろうか^(注3の1)。

3.3　何をどう書くかについての比較

イギリスのキーステージ1の1年目および日本の第1学年では、いずれも文字の形と読み方を覚えたり、聞いたことを文字で書いたりすることに傾注される。言語の違いによる相違はあるが、いずれの言語においても、これらの時期はその後の言語能力の発達に大きな影響を与える重要な期間であ

る。「読むこと（リーディング）」と「書くこと（ライティング）」の指導は並行して進行していくが、前者が少し前を行き、それに後者が続くと想定されている点は、日英で共通している。ここでは、ナショナルカリキュラムのキーステージ1のライティングと学習指導要領の1、2年の「書くこと」を比較検討する。

　ナショナルカリキュラムの各教科の指示事項には、「法定要件（Statutory requirements）」と「注意事項およびガイダンス（Notes and guidance）」がある、前者は法律で定められた事項で、各学校および教師は、それを順守する義務がある。後者には「法定外（non-statutory）」と注意書きがされており、あくまで助言であって順守義務はないことが強調されている。後者は、学習指導要領解説に当たるものとして、本稿での参照は最小限にとどめ、主に「法定要件」の記述を検討する。

　ナショナルカリキュラム・キーステージ1の1年目の「ライティング－作文」の項には次の記載がある（ライティングの小項目には「作文（composition）」の他に、「書写（transcription）」と「手書き（Handwriting）」、および「語彙、文法、句読点」の小項目がある）。

　　法定要件
　　生徒には次のことを教えること。

(1) 次の方法で文を書く。

    a.　これから書く内容を大声で言う

    b.　文を書く前に口頭で文章を作成する

    c.　文を順番に並べて短い物語を形成する

    d.　書いたものを読み直して、意味が通じているかどうかを確認する

(2) 書いたことを教師や他の生徒と話し合う。

(3) 他の生徒や教師に聞こえるように、自分の書いた文章をはっきりと声に出して読む。（NC p.25）

(注：(1)-(3) および a-d は以下の文中における引用の便のために筆者が補筆した)。

  初めて文章を書く生徒がたどる段階が、(1) の a 〜 d に、ていねいに記されている。

  続いて、キーステージ 1 の 2 年目の法定要件を記す。

法定要件

生徒には次のことを教えること。

(1) 以下によって、書くことに対する前向きな態度と持久力を養う。

    a.　個人的な経験と他人の経験（現実および架空の）についての物語を書く

    b.　実際の出来事について書く

    c.　詩を書く

    d.　さまざまな目的で執筆する

(2) 書き始める前に、以下のように何を書くかを検討する。

    a.　何について書くかを計画する、または大声で言う

   b. 新しい語彙を含むアイデアやキーワードを書き留める

   c. 言いたいことを一文ごとに要約する

 (3) 次の方法で自分の文章に簡単な追加、改訂、訂正を加える。

   a. 教師や他の生徒と一緒に自分の作文を評価する

   b. 読み直して、文章が意味をなしていること、時を示す動詞が正しく一貫して使用されていること（連用形の動詞も含む）を確認する

   c. スペル、文法、句読点の誤りをチェックして校正する（例、文末が正しく句読点されているかなど）

 (4) 適切なイントネーションで、意味が明確になるように書いたものを声に出して読む。（NC p.32）

（注：(1)～(4) および a-d は、以下の文中での引用の便のため筆者が補筆した）。

 ここ（キーステージ１の２年目）では、ライティングの指導の手順が、１年目より具体的に述べられている。冒頭に書くことに対する持久力が言及されているのは、２年目になってライティングに困難を感じる生徒もでてくることが予想されているのだろう。１年目には特に指示のなかった、何を書くかについての指示が書かれている。「実際の出来事について書く」や「詩を書く」は、「わたしは」から始まる文から、「… は」と第三者あるいは物を文頭にもってくる書き方へと発展させる狙いがありそうである。「さまざまな目的で執筆する」も、その指導方針上にあるものと考えられる。

　同じくキーステージ１の２年目の「注意事項とガイダンス」は、抜粋ではなく本全体を読むことを奨励している[注3の2]。まとまった分量の文章を読むことは、構造をもった文章を読み下す持久力をつけ、ひいてはライティングに必要な持久力を育て、その後にくる構造をもった文を自ら執筆する準備となるだろう。

　もう一点注意を引くのは、書く前の準備、および書いた後の段階において、いずれも声に出して言うように指示されていることである。「注意事項およびガイダンス」（NC p.26）に、「１年生の初めに、すべての生徒が、声に出して話すことのすべての内容を書き留めるのに必要なスペルと手書きのスキルを備えているわけではない」と書かれているように、話す能力が書く能力より先に発達する。書こうと思うことを声に出して話すことが、書くことを支援するであろう。生徒が声に出して言う事によって、彼らが書こうとしていることを教師が把握して、適切に指導をすることが可能になるという面もある。

　以上の観点を踏まえたうえで、次に学習指導要領「国語」の第１および第２学年では、「書くこと」をどのように指導しようとしているか見てみよう。

　　B　書くこと
　(1)　書くことに関する次の事項を身に付けることができるよ

う指導する。

　ア　経験したことや想像したことなどから書くことを見
　　付け、必要な事柄を集めたり確かめたりして、伝えた
　　いことを明確にすること。

　イ　自分の思いや考えが明確になるように、事柄の順序
　　に沿って簡単な構成を考えること。

　ウ　語と語や文と文との続き方に注意しながら、内容の
　　まとまりが分かるように書き表し方を工夫すること。

　エ　文章を読み返す習慣を付けるとともに、間違いを正
　　したり、語と語や文と文との続き方を確かめたりする
　　こと。

　オ　文章に対する感想を伝え合い、自分の文章の内容や
　　表現のよいところを見付けること。

(2)　(1) に示す事項については、例えば、次のような言語活
　動を通して指導するものとする。

　ア　身近なことや経験したことを報告したり、観察した
　　ことを記録したりするなど、見聞きしたことを書く活
　　動。

　イ　日記や手紙を書くなど、思ったことや伝えたいこと
　　を書く活動。

　ウ　簡単な物語をつくるなど、感じたことや想像したこ
　　とを書く活動。（小学 p.30）

　ここで再び煩雑さを避けて、学習指導要領を GS、ナショ
ナルカリキュラムを NC と略記する。

　上にも書いたように、NC では、これから書くこと、およ
び書いたことを声に出して言うとなっているが、それに相当

する項目は GS には見当たらない。これについては次の小節
で詳しく検討する。

　次に、これも上で言及したが、NC の 1 年目では初めて文
章を書く生徒が踏むべき段階が丁寧に書かれているが、これ
も GS では見られない。GS が 1、2 年をまとめて書いている
ため、あるいは表 2-1 にあるようにイギリスでは 5 歳から小
学校の教育を受けるために、6 才から始まる日本より丁寧な
指導が必要だからという理由付けができるかもしれない。だ
が、上の引用文を読み比べると、GS の書きぶりはいかにも
重いという感じを筆者は持つ（読者諸氏はどう感じるだろう
か）。

　GS の (1) ア、イ、ウは特に難しい課題である。文を書く
にあたって、まず「書くことを見付け」るのが難しい。小学
校 1、2 年には、何について書くのかを、教師がなるだけ具
体的に指示するのが適切だろう。次に、「自分の思いや考え
が明確になるように」とあるが、それができれば、それ以上
の文章修行はいらないだろう。そして、「文と文との続き方
に注意し」たり、「内容のまとまりがわかるように」書くの
は、高学年でも難しい課題である。

　小学校 1、2 年の指導内容は、もっと簡明なものでなけれ
ばならない。GS に比べて NC は、初めて文章を書くことの
難しさをよく心得ていると言える。文章を書くことに対する
生徒の抵抗感、苦手意識を極力減らさなければならない。本

書第Ⅰ部の第16節で引用した

> 教師は生徒の書き方にコメントをするが、生徒の書いた内
> 容に意見を言うことはない。（山本、2010）

は、苦手意識を抱かせないための一つの手法であろう。小学
校1、2年で、書いたものの内容が不十分なのは当然のこと
である。書く能力が向上するにつれて、内容も充実してくる
はず、と長い目で見るのがよい。

3.4　ナショナルカリキュラムにおけるリーディングとライティングの相互関係

ナショナルカリキュラムでは、ライティングやリスニング
などの言語活動のための能力が互いに関連づけられている。

たとえば、「ライティング－作文」の「注意事項とガイダ
ンス」には、前項で触れた次の記述がある。ここでは「作文」
の項であるにもかかわらず、読書が取り上げられている。

> 単なる抜粋ではなく、本全体を読んだり聞いたりすること
> は、標準英語の語彙や文法の知識を含め、生徒の語彙や文法
> 知識を増やすのに役立つ。これらの活動は、物語を含むさま
> ざまな種類の文章がどのように構成されているかを理解する
> のにも役立つ。これらすべてをライティングに活かすことが
> できる。（NC p.32）

　一冊丸ごとの読書が、ライティングのスキルを高めること
につながると述べている。また、同じ段落で、次のように演
劇がライティングの向上に役立つとも述べている。

　　　演劇やロールプレイは、さまざまな設定で役を演じたり、
　　即興でシーンを演じたりすることで、生徒が自分の考えを発
　　展させ、順序立てて書く機会を提供し、生徒のライティング
　　の質の向上に貢献する。(NC p.32)

　上記は「ライティング－作文」の中の記述に限定して述べ
たが、そのことを、さらに「作文」以外の小項目にも当たっ
て確かめてみよう。

　前にも書いたように、ライティングの小項目には「作文」
の他に、「書写（スペリング）」「手書き」、および「語彙、文
法、句読点」の小項目がある。これらの「作文」以外の小項
目の中で、「作文」が言及されている箇所としては以下の行
が挙げられる。

　キーステージ1の2年目の「書写」の法定要件には

　　　これまでに教えられた GPC [注3の3] を使用した単語、一般的
　　な例外単語、句読点を含む簡単な文章を教師が口述し、生徒
　　はそれを暗記して書く。(NC p.31)

とあり、口述筆記が勧められている。これは直接「作文」に
言及していないが、教師が読み上げる文章を記憶して書くこ

とが、作文の技術を高めることに役立つ。

　同じくキーステージ１の２年目の「語句、文法、句読点」の法定要件には、

　　（生徒たちは）彼らが書いた文章を議論する際に、付記された文法用語を使用し、理解することを教えられるべきである。（丸括弧内は筆者の補筆）（NC p.33）

とあり、「作文」が「文法」の学習に関連づけられている。

　以上は、ライティングを主題とする項目内での関連付けであるが、主題がライティング以外の項目においても、「作文」が言及されている箇所もある。キーステージ１の１年目、「リーディング － 読解」の「注意事項およびガイダンス」（NC p.23）に記された下の３つの文は、「読み聞かせ（リスニング）」が「作文」の技術向上に役立つことを説いている。

　　生徒の語彙は、本の読み聞かせを聞いたり、聞いたことについて話し合ったりすることによって発達するべきである。そうして得られた語彙が文章に反映されることもある。

　　自分で読むことができない物語、詩、ノンフィクションを頻繁に聞くことによって、生徒は、たとえば、物語の中で驚きを生み出したり、ノンフィクションの中で事実を提示したりするために、書き言葉がどのように構成され得るかを理解し始める。

　　　生徒はリスニングを通じて、言語がどのように聞こえるか
　　を学び始め、語彙力と文法構造の認識を増やす。やがて、彼
　　らはそのような文法を自分の文章で利用できるようになるだ
　　ろう。

このように、ライティングとリーディングあるいは演劇等の
ように、異なる主題間の関係性を、繰り返し取り上げて述べ
る点が、ナショナルカリキュラムの特徴の一つとして挙げる
ことができるだろう。

　一方、学習指導要領の解説国語編（p.29）には次の文がある。

　　　話合いの過程では、「話すこと」と「聞くこと」に関する資
　　質・能力が一体となって働くため、指導に当たっては、「話す
　　こと」に関する指導事項と「聞くこと」に関する指導事項と
　　の関連を図ることが重要である。

このように「話すこと」と「聞くこと」の一体化について述
べられている。話し手がいる所では聞き手が、聞き手がいる
ところでは話し手がいるのだから、これは自然なことであ
る。しかし、「書くこと」と「読むこと」の間にも、書き手
と読み手がいるのだが、それらの関連付けについての言及は
筆者が検索する限り見当たらない。ある主題を他の主題と関
連付けることは、生徒をより深い理解に導く。同時に、カリ
キュラム全体の構造を明らかにし、教師自身が学習の意義を
再確認する助けとなるだろう。

4 キーステージ２以降の文章教育

　山本（2010）は、著者の子どもが10歳を過ぎると「英語
の要求度が上がったように感じた」と書いている。さらに、
その約１年後には「11歳半になると英語のレベルが急に上
がった」と重ねて書いている。つまりこの時期に年々、着々
と英語のレベルが引き上げられるということだろう。日本の
学齢にすると中学校に入学する前後のころである。ナショナ
ルカリキュラムではキーステージ２から３に移行する時期で
ある。ここでは、レベルが上がったことが、ナショナルカリ
キュラムの記述を反映してのことかどうかを調べることにす
る。

4.1 キーステージ２：「段落」の扱い

　レベルの変化をナショナルカリキュラムの文面の中に見い
だそうとすると、キーステージごとに書かれた法定要件を
精読する必要がある。しかし、幸いなことに、第７節「Pro-
grammes of study and attainment target」の「English」の
節末に、「語彙」「文」「文章」「句読点」「用語」の項目ごと
に、キーステージ１と２（つまり小学校の６年間）の各学年
ごとの法的要件を、抜き書きした表が添付されている。その

表4-1　ナショナルカリキュラムの英語の法定要件表より「文章」
の項目を抽出。

学年	法的要件「文章（Text）」
1	文章を順番に並べて短い物語を形成する
2	文章全体を通して現在形と過去形を正しく選択し、一貫して使用する。進行中の動作を示すために現在形と過去形の動詞の進行形を使用する［例、彼女はドラムを叩いている、彼は叫んでいた］
3	関連する文をグループ化する方法としての段落の導入。プレゼンテーションを支援するための見出しと小見出し。単純な過去の代わりに動詞の現在完了形を使用する［例、「彼は遊びに出かけてしまった」と、「彼は遊びに出かけた」とが対比される］
4	段落を使用してテーマに沿ったアイデアを整理する。一貫性を高め、繰り返しを避けるために、文内および文章全体で代名詞または名詞を適切に選択する
5	段落内でまとまりを持たせるための工夫［例、次に、その後、これ、最初に］。段落間でアイデアを関連づけるために次の副詞を用いる：時間の副詞［例、後で］、場所の副詞［例、近くに］、順番の副詞［例、第2に］、または時制を選択する［例、彼は以前に彼女を見たことがある］
6	より幅広い接続語句を用いて段落間で要点を関連づける。単語やフレーズの繰り返し、文法的なつながり（例、一方で、対照的に、結果として、などの副詞句の使用）、および省略記号など。 レイアウト デバイス（テキストを構造化するための、見出しや、小見出し、列、箇条書き、表など）

うち「文章」について書かれた法的要件を表4-1に抽出して
示す。

　1、2年生の間は、短文を並べて物語を書く。3年生になっ
て初めて段落が導入される。ここでは「段落」は、文をグ
ループ分けするために用いられる。上の学年にいくほど、
「段落」は高度な役割を果たすようになる。たとえば、小学
校の最終学年では、接続詞を用いて段落と段落を繋ぎ、文章
に構造を持たせることを学ぶ。接続詞の種類と使い方を学ぶ
ことによって、生徒は原理的にはどのような長い文章も書く
ことができるようになる。

4.2　キーステージ3と4のライティング

　キーステージ3（中学生相当）になると、ライティングの
法定要件は一段と高度化する。長くなるが、読者に高度化の
中身を了解してもらうために省略せずに引用する。

ライティング

生徒には次のことを教える。
- 楽しみと情報のために、正確に、流暢に、効果的に、長い文章
  を書くために、以下のことを行う。
  - 以下を含む幅広い目的と読者に向けたライティング。
    - よく構成された正式な解説および物語的エッセイ
    - 物語、台本、詩、その他の想像力豊かな文章
    - 講演やプレゼンテーション用のメモと洗練された台本

- ■議論や個人的および公式の手紙を含む、その他のさまざまな物語的および非物語的文章
- ■資料を要約して整理する。必要な事実の詳細をもってアイデアや議論をサポートする。
- ■増加する語彙、文法、文章構造に関する知識をライティングに適用し、適切な形式を選択する。
- ■読んだり聞いたりして得た文学的および修辞的工夫の知識を利用して、ライティングの効果を高める。
- ■計画、草案、編集、校正を行う。
  - ■自分の文章が、対象読者や意図された目的にかなっているかどうかを考慮する。
  - ■文章の一貫性と全体的な有効性を向上させるために、文章の語彙、文法、構造を修正する。
  - ■正確な文法、句読点、スペルに注意を払う。英語学習のキーステージ1および2の学習プログラムに付記された英語の付録1に記載されているスペルのパターンとルールを用いる（NC p.83）。

　キーステージ2において導入・発展された「段落」は、キーステージ3では姿を消し、代わって「文章構造」（あるいは「構造」）が取り上げられる。「文章構造」は、「段落」を含むより広い概念である。

　中学生の間に、これらの法定要件が忠実に具体化されるとしたら、山本（2010）の「11歳半になると英語のレベルが急に上がった」という感想も納得できる。逆に、山本（2010）の観察は、小中学校での教育がナショナルカリキュラムに

則って実施されていることの傍証となり得るだろう。

　キーステージ３でライティングの基本は網羅されていると言ってよい。上にはライティングの法定要件のみを引用したが、リーディングにおいても、キーステージ２の要請より、テキストをさらに分析的かつ批判的に読み込むことが要求される。高等学校相当のキーステージ４では、ライティングに関して新しい概念が導入されることはなく、それまでに修得した知識やスキルの一層の高度化が図られる。

4.3　学習指導要領における「段落」の扱い

　上に述べたように、ナショナルカリキュラムでは学齢が上がるほどライティングの要求レベルが上がる。典型的には「段落」の扱いにその傾向が認められる。では、学習指導要領の「書くこと」で「段落」がどのように扱われているかを見てみよう。

　国語（小学校第３学年及び第４学年）
　２　内容
　(1)　略
　　　カ　主語と述語との関係、修飾と被修飾との関係、指示
　　　　する語句と接続する語句の役割、段落の役割について
　　　　理解すること。（小学 p.32）

B　書くこと

(1)　略

　　　イ　書く内容の中心を明確にし、内容のまとまりで段落
　　　をつくったり、段落相互の関係に注意したりして、文
　　　章の構成を考えること。(小学 p.33)

小学校5、6年には段落についての記載はない。

中学校・国語

(第1学年)

B　書くこと

(1)　略

　　　イ　書く内容の中心が明確になるように、段落の役割な
　　　どを意識して文章の構成や展開を考えること。(平成29
　　　年告示中学校学習指導要領 p.31。以下、中学 p.31 のよ
　　　うに略記する。)

(第2学年)

B　書くこと

(1)　略

　　　イ　伝えたいことが分かりやすく伝わるように、段落相
　　　互の関係などを明確にし、文章の構成や展開を工夫す
　　　ること。(中学 p.34)

　ナショナルカリキュラムと同様、段落が導入されるのは小
学校3年である。異なっているのは、その後、ナショナルカ
リキュラムでは「段落」が果たすべき役割が年度ごとに高度

になるのに対し、学習指導要領では中学校２年まで、ほぼ一定の表現に留まっていることである^(注4の1)。

　学習指導要領では、「段落」に限らず、文法に言及されることはごく稀である。そもそも、きわめて奇異なことながら、外国語の項以外では「文法」という語句は学習指導要領の中に検出されない。ナショナルカリキュラムでは、前書きの「6. 言語と読み書き」で

> 　彼らは文法の正しい使い方を教えられなければならない。生徒は、これまでに教えられたことを基礎にして、ライティングの範囲と使用する文法の多様性を広げる必要がある。（NC p.11）

と、文法とライティングの関係を明記している。さらに、前節でも引用したが、キーステージ１で文法を必要とする具体例が法定要件の一項として、次のように述べられている。

> 　（生徒たちは）彼らが書いた文章を議論する際に、付記された文法用語^(注4の2)を使用し、理解することを教えられるべきである。（丸括弧内は筆者の補筆）（NC p.33）

　文章を書く能力を身に付けようとするとき、文法はいわば道案内の役割を担う。教育課程の中で、文法はもっと重視されてしかるべきだろう。

5 学習指導要領の「見方・考え方」 とは何か

「なぜその科目を勉強するのか」は、教室でしばしば生徒から教師に向かって発せられる問である。教師にとっては勉強するのが当たり前で、なぜするのかはあまり考えずに授業しているものだから、この問に適切に答えることは案外難しい。ここまでの節でも登場したように、学習指導要領やナショナルカリキュラムでは、各教科・科目ごとに目標が設定されている。本来、そこに書かれていることが、「なぜ学ぶ」の問いに対する答えでなければならないはずだ。はたして、学習指導要領やナショナルカリキュラムは、「目標」でどのような説明をしているのか見てみよう。

5.1 理科の「見方・考え方」

3.2（170頁）で学習指導要領から国語の目標を引用し、その冒頭にある「言葉による見方・考え方を働かせ」とはどういうことか、筆者にはわからないと書いた。

学習指導要領小学校の理科には、次のような目標が書かれている。

　　自然に親しみ、理科の見方・考え方を働かせ、見通しをもっ
　て観察、実験を行うことなどを通して、自然の事物・現象に
　ついての問題を科学的に解決するために必要な資質・能力を
　次のとおり育成することを目指す。（小学 p.94）

　ここにも、1 行目に「見方・考え方」とある。それでもし
やと思って、平成 29 年告示の小・中学校学習指導要領およ
び平成 30 年告示の高等学校学習指導要領の全教科・科目の
目標を改めて見直すと、例外なく冒頭に「〜の見方・考え方」
という文言が出てくる。高校の「国語」の目標には、「言葉
による見方・考え方」、高校「地理歴史」の目標には「社会
的な見方・考え方」のようにである。

　前記のように、「目標」あるいは「目的」は、その教科・
科目の特質と、それを学習する意味・理由を記述する重要な
箇所だと筆者は考える。「見方・考え方」で全教科・科目を
通してしまうのは、あまりに乱暴だろう。

　「見方・考え方」を用いた表現は、平成元年告示の学習指
導要領でも散見されるが、急増したのは平成 29 年版におい
てである。しかし、その前に中教審答申（第 197）[注5の1] の
中で頻繁に用いられた。同答申には 154 か所で「見方・考え
方」が用いられている。しかしながら、同答申の 33 ページ
には、

　　各教科等における「見方・考え方」については、「社会に開
　かれた教育課程」の観点を踏まえて、各教科 の担当以外の関
　係者にとっても分かりやすいものにすることが必要である。

とあり、「見方・考え方」では多くの人に理解されないこと
は承知の上のようである。実際、答申の後ろの方のページ
で、各教科ごとにそれぞれの「見方・考え方」とは何かとい
う解説を加えている。たとえば、理科の「見方・考え方」と
は、

　　　自然の事物・現象を、質的・量的な関係や時間的・空間的
　　な関係などの科学的な視点で捉え、比較したり、関係付けた
　　りするなどの科学的に探究する方法を用いて考えること。

と、わかりやすく書いている。「社会に開かれた教育課程」
を目指しながら、なぜこちらの書き方を、答申よりも多くの
人の目に触れやすい学習指導要領で用いなかったのか不思議
である（学習指導要領が多くの人の目に触れているとは思わ
ないが、少なくともインターネットでたやすくヒットするの
は、中教審答申より学習指導要領の方だ）。
　ちなみに、中学校学習指導要領の「数学」の目標には

　　　数学的な見方・考え方を働かせ、数学的活動を通して、数
　　学的に考える資質・能力を次のとおり育成することを目指す。

と、苦笑するしかない記述がある。

5.2　サイエンスの「目標」

　学習指導要領の「理科」は小学校 1、2 年用はなく、3 年生からだが^(注5の2)、ナショナルカリキュラムの「サイエンス」はキーステージ 1 の 1 年目、すなわち 1 年生から始まる。その冒頭に

　　　キーステージ 1 における科学教育の主な焦点は、周囲の自然界と人間が構築した世界をより詳しく観察して、生徒が現象を体験し観察できるようにすることである。（NC p.170）

と、目標が簡明に書かれている。キーステージ 2 の前半（3 年生と 4 年生に相当）の冒頭の段落全体を少し長くなるが引用しよう。

　　　キーステージ 2 の前半の科学教育の主な焦点は、生徒が自分の周囲の世界に対する科学的視野を広げることができるようにすることである。これは、日常の現象や生き物と身近な環境との関係について探求し、話し、テストし、アイデアを発展させ、機能、関係、相互作用についてのアイデアを発展させ始めることによって行う必要がある。彼らは、観察したものについて自分自身で質問し、時間の経過による変化の観察、パターンの発見、物事のグループ化と分類、単純な比較と分析の実行など、どの種類の科学的調査がそれらに答える

最良の方法であるかについていくつかの決定を下す必要がある。公正なテスト^(注5の3)と二次情報源を使用して問題を解決すること。彼らは簡単な結論を導き出し、科学的な言葉を使って、最初に自分たちが発見したことについて話し、その後、それについて書くべきです。(NC p.178)

　教師であれば、「サイエンス」の時間に教えるべきことがおぼろげながら分かるように書かれている。そして最後の1行に、科学的な言葉を使って発見したことを書く、とある。科学的な概念を使って、観察した事柄を書くことは概念の教育と文章の教育が目指す共通目標そのものである。^(注5の4)

　物事を記述しようとするとき、用いる語句の厳密な定義が必要である。書き手がそれを知っているだけではなく、読み手にもはっきり定義内容が理解できていなければならない。それは、よい文章であるための必須条件だろう。だが、上記のように学習指導要領はその努力を放棄したように見える。これに比して、ナショナルカリキュラムには、教科・科目それぞれの特徴が丁寧に書かれている。

　たとえば、キーステージ4（高校1、2年）の「化学」の項目には

　　化学は、原子、原子を構成する粒子、およびそれらが配置され結合する方法の観点から理解される物質の組成、構造、特性、反応の科学である。化学は、あらゆる種類の物質や材

料の合成、配合、分析、特性に関係する。(NC p.219)

とあり、「物理」の目標としては

　　物理学は、場、力、放射線、粒子構造の基本概念の科学で
　あり、これらは相互にリンクされて物質宇宙の挙動の統一モ
　デルを形成する。このようなモデルから、時間の経過に伴う
　宇宙の発展という最も広範な問題から、新しいテクノロジー
　を発明するための多数の詳細な方法に至るまで、幅広いアイ
　デアが生まれた。これらは、物質的環境に対する私たちの基
　本的な理解と、それに対するさまざまな適応の両方を豊かに
　してきた。(NC p.222)

と書かれている。簡単ながら、それぞれの分野の特徴を記し
ている。

　ナショナルカリキュラムの「サイエンス」の項の丁寧な書
きぶりに比べて、やや奇異な感じがするのは、「数学」の項
の記述である。ここでは、数学とは何かという記述はなく
「数学的能力」や「数学的スキル」「数学的推論」等々の表現
が用いられている。数学が、学問としての境界をほとんど意
識することなく研究の対象を広げていった歴史から言って、
これが数学であると限定することに抵抗があるのかもしれな
い。しかし、数学者にとっては不十分であっても、一般の人
向けになんらかの定義づけがあればと思う。

　その点、上でも参照した中教審答申（第197）には、数学

の「見方・考え方」を次のように解釈している。

　　　事象を数量や図形及びそれらの関係などに着目して捉え、
　　論理的、統合的・発展的に考えること。

　なんとか表現しようとする意欲が見られると言ってよいだ
ろう。ただし、数学における「統合的・発展的」とは何か。
著者を含めて数学の非専門家にはわかりづらい。おそらく
（間違っているかもしれないが）統合的とは、たとえば、リ
ンゴ3個とミカン3個を、3という概念で認識するように、
ものを数字という共通の概念で表すことを指すのだろうか。
また、発展的とは自然数から整数に、さらに実数にと概念を
拡張するようなことを指すのだろうか。

6 ナショナルカリキュラムの 「describe」

　ナショナルカリキュラムの文中には、単語「describe」が頻出する。検索すると全体で71回出てくる。そのうち「数学」で 30 回、「サイエンス」で 26 回である。以下に述べるように「describe」は、ナショナルカリキュラムの特徴を端的に示すキーワードである。

6.1　describe の意味

　たとえば、キーステージ 1「数学」の前書きには、

　　この段階で生徒は、さまざまな形を認識（recognise）、記述（describe）、描画（draw）、比較（compare）、分類し（sort）、関連する語彙を使用する能力を身に付けるべきである。（丸括弧内に、原文の単語を表示する）

とあり、「記述」と訳したところの原文は「describe」である。

　「サイエンス」の項では、たとえばキーステージ 1 の 1 年目（すなわち小学校 1 年生）の「植物」の項に以下の文がある。あえて英文のまま引用する。

Pupils should be taught to:

■ identify and name a variety of common wild and garden plants, including deciduous and evergreen trees.

■ identify and describe the basic structure of a variety of common flowering plants, including trees.

　生徒が教わるべきことの 2 項目に describe が使われている。この文は、生徒は植物の構造を identify し describe することを教えられるべきだ、と内容を規定している。describe の主要な意味としては、「言葉で述べる」「記述する」「描写する」「説明する」「評する」「みなす」「言う」「描く」などがあるから、植物の構造を示す図を描くように指導すれば、カリキュラムの要請を満足しているともみなせる。しかしながら、イギリスではこのような記述によって、図ではなく（図を含んでもよい）文章にして説明することが強く要求されているのである。

　上のことは、本書の第 I 部「『高大接続』について」で参照した山本（2010）が紹介しているエピソードからも伺い知ることができる。著者（山本）の子どもが受けた理科の授業では、いろいろなテーマが取り上げられるが、子どもが作成したノートには、自身の手による図解とともに、説明文が書かれている。たとえば、手描きされたガスバーナーの構図の周りには、ガスバーナーの働きや扱う際の注意事項などが、必ず主語述語のある文で書かれている。あるとき、著者の子

どもが「（絵だけ描いて提出したら）教師からは『C』の評価をもらって、『絵はだいたいよいが、文はいったいどこにあるの』と書かれた。そこで、注意事項を書き足して再度提出したら、『よくなった』という評になった」という体験を紹介している[注6の1]。同書には、必ず主語述語を伴った文で説明を書くことを生徒に要求する授業は、決して特定の教師によるものではないことが、繰り返し述べられている。

　ナショナルカリキュラムの策定によって、このような教授法が採用されるようになったのか、あるいは伝統的な教授法が、ナショナルカリキュラムの形に成文化されたのかについては筆者は不案内だが、いずれにしてもナショナルカリキュラムの記述と、教室での授業の進め方に目立った乖離はないようである。

6.2 「理解する」と「記述（describe）する」の違い

　上に例として「植物」を教えるにあたって、ナショナルカリキュラムが要求する項目を挙げたが、学習指導要領ではどのような扱いになっているかを見てみよう。

　学習指導要領小学校３年の「理科」の「(1) 身の回りの生物」には、

　　　ア　次のことを理解するとともに、観察、実験などに関する
　　　　技能を身に付けること。

　　（ア）生物は、色、形、大きさなど、姿に違いがあること。
　　　　また、周辺の環境と関わって生きていること。
　　（イ）昆虫の育ち方には一定の順序があること。また、成虫
　　　　の体は頭、胸及び腹からできていること。
　　（ウ）植物の育ち方には一定の順序があること。また、その
　　　　体は根、茎及び葉からできていること。
　イ　身の回りの生物の様子について追究する中で、差異点や
　　　共通点を基に、身の回りの生物と環境との関わり、昆虫や
　　　植物の成長のきまりや体のつくりについての問題を見いだ
　　　し、表現すること。（小学 p.97）

とある。ここには、児童が観察と実験を通して植物に関して
理解すべきことが書かれている。イに、「表現すること」と
あるが、文章による記述とは限定していない。4年生になる
と「(2) 季節と生物」で動植物の季節による変化を学ぶが、
そこでも3年のときと同様に、「探したり育てたり」して植
物の成長が季節によって違うことを理解することになってい
る。

　ナショナルカリキュラムと比べて、一見、ほぼ同じ内容を
教えることになっているようだが、ナショナルカリキュラム
では理解したことを必ず文章にすることを明確に求めている
のに対し、学習指導要領は理解したところで留まって、その
先の指導を強く求めているようには読めない。

　ナショナルカリキュラムは、文章化の過程で、生徒が必要
な概念を彼らなりに理解して使用することを期待している。

そして、教師は、生徒が書いた文を見て、彼らの理解の正し
さを知ることができる。なんらかのテーマのもとに文章を書
くと、必然的にそのテーマに関係するさまざまな概念を文中
で用いることになる。このように、文章の教育と概念の教育
は繋がっている。

7 結 び

　本書の第1部「『高大接続』について」の第13〜第16節で紹介したイギリスの充実した文章教育が、イギリスにおける教育基準を法的に規定しているナショナルカリキュラムによってどのように保障されているか、あるいはされていないか、を知りたくて日本の学習指導要領と比較しながら、ナショナルカリキュラムを読み解いていった。結論から言うと、イギリスの文章教育が成立する根拠として、ナショナルカリキュラムの法的な条文があることがわかった。

　教育に関する記事や主張を読めば、若い世代の思考力を育成するためには文章教育の充実が必要と考える人は、少なからずおられるようである。しかしながら、では文章教育充実のために何をすればよいかと問えば、たちまち行く手を見失ってしまうのが、これまでの通弊であった。そんな中、本書を書き進めるにつれて、筆者は、学習指導要領を改編することによって、その道が見えてくるのではないかと考えるようになった。

　およそ10年ごとにやってくる学習指導要領改訂の時期には、筆者自身、日本地球惑星科学連合の教育検討委員会の他の委員方と共に、理科教育に関して文部科学省に提言する文

案を練った。そんな折、学習指導要領に盛り込んでほしい項目をあれこれと取り上げたものである。しかし、学習指導要領の基本的なスタイルについては、アンタッチャブルなものと無意識のうちに考えていた。学習指導要領の大筋は天啓的に与えられたもののように見えていたのである。今回、英国のナショナルカリキュラムと比較することによって、実はそうではないことがわかったような気がする。

　前記のようにナショナルカリキュラムの成立は1988年と、学習指導要領より後発である。イギリスは国定のカリキュラムを導入するにあたって、作成委員19人を日本に派遣して、学習指導要領と教育の実態を調査したそうだ（吉田、2005）。今度は、日本がイギリスのカリキュラムを参考にさせてもらってもよいだろう。

　学習指導要領をどのように改めれば、学校で文章教育が十分に行われるようになるのか。これが、次に考えるべき課題だが、明らかに筆者の手に余る課題である。本書各節の論考をもとに、学習指導要領の改善点を列記して本書を閉じることにする。

　課題１：学習指導要領の序文において、公教育の目標を明記する。

　読んでわかる文章が書けることと、簡単な計算を間違わずにできることは、義務教育の間に身に付けるべき最低限の目

標だろう。しかし、その最低限の目標を達成しないまま高校を卒業する生徒がいることを、筆者自身、現役時代に知った。このことを深刻に考え、上の2項目を公教育の目標として明記するのがよい。

　　課題2：各教科・科目の目標を学習指導要領作成者自身が自分の言葉で綴ること。

　これは文章教育に直接結びつくものではないが、学習指導要領が文章教育を前面に押し出す以上、学習指導要領編纂者自身が推敲を重ねて、各教科・科目を学習する必要を記した文章を作成するべきだろう。

　　課題3：学齢進行に従って、日本語文法を体系的かつ段階的に教える。

　文法は文章を書く際の羅針盤である。現行の学習指導要領には日本語の文法の項目はなく、内容としてもごく簡単にしか扱われていない。

　　課題4：短い文章を数多く書くことから始め、徐々に構造をもった文章に挑戦するように仕向ける。学年ごとに達成目標を設定する。

　特に小学校1、2年の生徒が、書くことに抵抗感をもつことがないよう気を配る必要がある。

課題５：すべての教科・科目において、生徒は物事を理解
　　　　　するだけではなく、理解したことを文章として記
　　　　　述する。

　文章教育は、国語の時間だけで終わるのではなく、すべて
の教科・科目の時間を使って、文法的に正しい文章で記述す
る習慣を身につけることを目指さなければならない。

　本書第Ⅰ部「『高大接続』について」の結びの節、第22
節、で「共通テストに記述式問題を出題」はゴールではない
が、一里塚ではある」と書いた。それは、大学入試が初等・
中等教育に与える影響の大きさを考えてのことだが、第Ⅱ部
を書き上げた時点で、筆者の中で大学入試が占める重みがだ
いぶ軽くなったように思う。今では、初等・中等教育の改革
のきっかけを大学入試に求めることは間違い、お門違いだと
考えている。学習指導要領の改編によって、初等・中等教育
の文章教育が充実したものになれば、自ずと大学入試も変わ
るだろう。また、十分な文章教育を受けた国民が増えれば、
大学入学共通テスト実施前に騒がれた記述式試験による採点
の揺らぎ問題は、必要悪として受容されるようになるだろ
う。

注

（注1の1）日本の学校教育法では、小学校に通学する者を学齢児童、中学校に通学する者を「学齢生徒」、高等学校の場合を「生徒」と定めている。ナショナルカリキュラムでは、キーステージ1～3の学習者をpupil、キーステージ4の学習者をstudentと書いて区別している。それぞれの語句が指す年齢層が異なることから、ここでは、日英ともに「児童」を用いずに一律に「生徒」と記すことにする。ただし、学習指導要領からの引用文で「児童」とあるところについては、そのまま「児童」を用いる。

（注1の2）イギリスにも複数の出版社が発行する教科書があるが、政府はそれに関与しない（榎本、2002）。中等教育学校では教科書を使う授業が多いが、どの教科書を使うかは学校、あるいは教師が決める。小学校では基本的に教科書は使用されず、教師がそれぞれ教材を選んだり作ったりする（大田、2001）。

（注1の3）「The national curriculum in England Framework document December 2014」

https://assets.publishing.service.gov.uk/government/uploads/system/uploads/attachment_data/file/381344/Master_final_national_curriculum_28_Nov.pdf

（注2の1）原文の「describe」を「記述」と訳した。「describe」には複数の意味がある。くわしくは第6節を参照。

（注3の1）高校の「国語」は、2022年、23年に科目構成が変わり、文学は1年生が履修する「言語文化」と2、3年生の「文学国語」で扱われることになる。高校生が文学を学ぶ機会が減少するのではないかと危惧されている。（参考：読売新聞オンライン社説「高校の国語　文学と論理は分けられない」2022年1月10日。

（注3の2）本全体を読むことについては、キーステージ2の低学年（3年、4年）、および高学年（5年、6年）でも、それぞれ奨励されている

（NC p.37、p.46）。

（注 3 の 3） GPC は grapheme-phoneme correspondences の略。文字と音との関係を学ぶ。低学年では、アルファベットでつづられた単語と読みの音との関係を学ぶことに多くの時間が割かれる。書かれた文を流暢に読むために必須の知識である。

（注 4 の 1） 中学校 3 年以降は、「段落」は取り上げられない。

（注 4 の 2） ナショナルカリキュラムの p.75 に、小学校 6 年間の英語の法定要件において用いられる文法用語とその解説の表が付属している。

（注 5 の 1） 中央教育審議会「幼稚園、小学校、中学校、高等学校及び特別支援学校の学習指導要領等の改善及び必要な方策等について（答申）」文部科学省、2016 年 1 月。

（注 5 の 2） 理科に代る教科として、小学校 1、2 年を対象に教科「生活」が設定されている。

（注 5 の 3） ナショナルテストのキーステージ 1 と 2 で「比較可能（comparative）なテスト」および「公正（fair）なテスト」という語句が用いられている。前者は、ある実験、または検査を 2 つ以上の対象あるいは条件について行い、結果を比較すること。後者は何らかの基準に則った測定を行い、結果を検討すること。

（注 5 の 4）「概念の教育」については本書第Ⅰ部「『高大接続』について」の第 9 節参照。

（注 6 の 1）「『高大接続』について」第 15 節参照。

参照文献

榎本剛『英国の教育』自治体国際化協会、2002 年 7 月。

大田直子「検定教科書のないイギリス」『季刊教育法』130 号、pp.70-73、2001 年 9 月。

山本麻子『書く力が身につくイギリスの教育』岩波書店、2010 年 4 月。

吉田多美子（2005）「イギリス教育改革の変遷 ― ナショナルカリキュラ

ムを中心に ―」国立国会図書館調査及び立法レファレンス、55（11）、
pp.99-112、2005 年 11 月。

■著者紹介

中井　仁　（なかい　ひとし）

    1951 年　大阪府生まれ
    1978-2011 年　大阪府立高等学校勤務

    編著書

      中井仁・伊藤卓 編著『検証　共通 1 次・センター試験』大学教育出版
        2008 年
      地球電磁気・地球惑星圏学会　学校教育ワーキング・グループ（代表：中
        井仁）『太陽地球系科学』京都大学学術出版会　2010 年
      「防災教育」出版委員会　中井仁監修『教育現場の防災読本』京都大学学術
        出版会　2018 年

      ホームページ：「小淵沢総合研究施設」
      http://www6.nns.ne.jp/~yamadoritei-2011/

高大接続と文章教育

2024 年 5 月 10 日　初版第 1 刷発行

■著　　者 —— 中井　仁
■発 行 者 —— 佐藤　守
■発 行 所 —— 株式会社 **大学教育出版**
           〒 700-0953 岡山市南区西市 855-4
           電話 (086) 244-1268　FAX (086) 246-0294
■印刷製本 —— モリモト印刷 ㈱

ISBN978 - 4 - 86692 - 300 - 0